和谐治理之路

中央民族大学 MPA 案例教程(一)

主 编 史美兰

人民出版社

责任编辑:陈寒节

责任校对:湖　催

图书在版编目(CIP)数据

和谐治理之路——中央民族大学 MPA 案例教程/史美兰 主编.

- 北京:人民出版社,2009.6

ISBN 978 - 7 - 01 - 007995 - 0

Ⅰ.和…　Ⅱ.史…　Ⅲ.公共管理 - 中国 - 研究生 - 教材

Ⅳ.D63

中国版本图书馆 CIP 数据核(2009)第 097474 号

和谐治理之路
HEXIE ZHILI ZHI LU

中央民族大学 MPA 案例教程(一)

主编　史美兰

人 丈 出 版 社 出版发行

(100706　北京朝阳门内大街 166 号)

北京龙之冉印务有限公司印刷　新华书店经销

2009 年 6 月第 1 版　2009 年 6 月北京第 1 次印刷

开本:710 毫米×1000 毫米　1/16　印张:14.75

字数:214 千字　印数:1 - 2500 册

ISBN 978 - 7 - 01 - 007995 - 0　　定价:28.00 元

目 录

公共管理案例汇编

公共管理案例研究

公共管理案例汇编

公共管理论丛

案例 1

遭遇黑砖窑事件的洪洞县政府

引言:2007 年 6 月 7 日,山西晚报在显著位置发表独家文章《黑砖场里,他们过着"奴隶"生活》,引起社会各界的广泛关注,包括新华社、央视在内的大批权威媒体纷纷转载,一时轰动全国。对恶势力的惩处,对受害农民工的安置问题更是成为媒体和民众关注的焦点,这一案件的事发地在山西省洪洞县,洪洞县政府自然成了众矢之的。随着案件的进展,对洪洞县政府的质疑之声在媒体上愈演愈烈,洪洞县政府面对史无前例的压力,陷入被动。遭遇黑砖窑事件的洪洞县政府究竟是如何应对的? 他们做了些什么又应该如何应对?

一、黑砖窑在洪洞发现

黑砖窑事件在洪洞发现纯属偶然。2007 年 5 月 27 日,山西省洪洞县公安局正开展"飞虹亮剑 2 号"民爆物品大排查专项行动。上午 10 时 40 分左右,洪洞县广胜寺镇派出所民警李某带领 4 名协勤民警,根据县公安局和所里的安排,在曹生村一带进行拉网式排查,行至一砖场大门口,发现 3 名工人蓬头垢面、衣着破烂不堪且都带着伤(一人脸上有伤、一人右前臂有伤、一人拄着拐杖),职业的敏感让他产生疑问,一面派协勤民警刘某找老板了解情况,一面进入该砖场,询问工人情况,工人们欲言又止,不敢说话。"当时工人们都是衣服破烂,有的连鞋子都没有,有不同程度的受伤情况",见情况十分异常,民警李某立即向所长刘某做了汇报,刘某带领 6 人到达现场,将砖场老板、该村村支书的儿子王某及在场所有人员带到广胜寺派出所调查取证,并根据工人提供的情况,当即对逃往山上的工头、主要犯罪嫌疑人河南安阳人衡某和几名打手进行了追捕。调查后初步认定这是一起故意伤害、非法拘禁、强迫劳动的案件,并向洪洞县公安局做了汇报。

现场被解救出来的受害人共 31 名,根据解救人员后来描述:"因为没有工作服,一年多前穿的衣服仍然穿在身上,大部分人没有鞋子,脚部多被滚烫的砖窑烧伤;由于一年半没有洗澡理发刷牙,个个长发披肩、胡子拉碴、臭不可闻,身上的泥垢能用刀子刮下来"。因为脏臭,"问过的所有旅馆都不肯接受这些受害人,所以当天晚上仍然安排在砖场过夜,留有 3 班 9 名民警轮流看守,以防他们受害"。

5 月 28 日,洪洞县公安局局长白某召集有关领导经过研究部署,成立了由刑侦副局长郭某、刑警大队队长林某及重案队、广胜寺派出所等二十余名民警组成的专案组,专门负责此案的调查处理工作。经过调查,案情基本查清,这是一起非常严重的诱骗、胁迫外地人员、限制人身自由、虐待强迫他人劳动的黑恶势力团伙犯罪案。案件的性质十分恶劣,其残忍程度令人发指。该案共涉及 7 名犯罪嫌疑人,一是非法砖场老板王某,一是黑心包工头衡某,其余 5 人均为打手。

案件的起因,2006 年 3 月,衡某承包广胜寺曹生村王某的砖场后,组织他人拐骗全国 12 省市的农民工 32 人(其中 10 人痴、呆、傻,1 人致死),雇佣赵某、周某、陈某、刘某 4 人与其儿子衡某充当打手,并喂养 6 条狼狗看守工人。工人们被拘禁在工棚内,每天早上天亮就开锁让工人干活,直到深夜又锁回工棚,晚上的大、小便都在工棚内,一天三顿饭只有不到 1 个小时的时间。平时吃饭、上厕所都有专人看管,干活稍慢就惨遭毒打。河南灵宝农民工申某左腿被打骨折,甘肃农民工刘某于去年 11 月被打手赵某毒打致死,许多人身上都有不同程度的轻伤或烧伤。

6 月 7 日,山西晚报首次曝光洪洞黑砖窑案件。引起社会各界的广泛关注,包括新华社、央视在内的大批权威媒体纷纷转载该报稿件,一时轰动全国。从 6 月 8 日上午开始,山东、河南、陕西、湖北、甘肃、四川等省读者纷纷打来电话,询问 31 名农民工中是否有他们的失踪亲人;更多的电话则是怒叱黑砖场老板和工头的残忍无良,要求媒体继续跟进,一定要把这些坏人绳之以法。

二、黑砖窑并不止在洪洞县

事实上,在全省范围内,类似的黑砖窑事件早已出现,早在 4 月 20 日,山西运城的临猗警方已接到类似报警,当晚解救了 27 名民工。5 月 16 日,两名黑窑主已经被起诉。

5 月 7 号,晋城警方也接到了河南家长的报警,说自己的孩子可能被介绍到陵川砖窑做工。陵川县公安局进行了排查,但没有发现孩子的踪迹。晋城警方后来于 5 月 16 日在全市范围内对外来民工进行了排查,先后解救了 47 个民工。

而就在风暴爆发前的 5 月底,山西省公安厅也接到了举报材料,称运城和晋城有强迫劳动的情况,公安厅常务副厅长李某曾在 5 月 28 号批示信访和刑侦部门进行查处。运城警方随后从 6 月 5 日到 11 日,组织了为期一周的打击行动。

上述行动因种种原因并没有被及时公开,而从 5 月 19 日开始,河南电视台都市频道已经以《罪恶的"黑人"之路》为题,播出一些河南人到山西砖窑寻找亲人的报道。"5·27"案件的曝光,其发于网络和报纸的真实、悲惨图片和对受害人被媒体称为"惨绝人寰"的悲惨遭遇的描述,使早已积聚的风暴找到了合适的节点——这是一个令人发指的案件,实际上,洪洞曹生村事件是山西已发现的"黑砖窑"事件中最恶劣的例子。从此,洪洞县被抛向了舆论的风口浪尖。一时间,网络媒体大唱"洪洞县里没好人",对洪洞县政府处理案件的各种责问不绝于耳。

三、洪洞县政府最初应对措施

5 月 27 日当天，洪洞县广胜寺镇派出所安排 31 名受害人洗澡、理发，并给他们买了新衣服，为 20 人进行了体检，6 人当即送到山西焦化厂医院住院治疗。

6 月 4 日，在洪洞县广胜寺镇召开的现场会上，洪洞县政府一名副县长对此案件首次进行处理："要求广胜寺镇政府要协调有关部门，先行垫付资金，保证受伤人员的医药、日常生活费及安全。"广胜寺镇的领导照章办理，将工作落实到曹生村。

曹生村村委会给每位民工发了 200 元到 500 元的路费和生活费后，于 6 月 6 日和 7 日分两批将他们送到洪洞火车站和长途汽车站，让其自行返乡，"痴呆的被他们的老乡带回去"。曹生村写的书面汇报显示，陕西商渭的牛某，一人就带了赵某、卫某、杨某 3 个"痴呆"回家。赵某是陕西渭南人，尚有准确的村镇地址，而卫某"只知道是云南大理的"，杨某"只知道是湖北的"。

6 月 8 日，临汾市工会主席梁某率工会干部赶往洪洞县广胜寺镇，准备对被警方解救的农民工进行慰问，并准备以工会牵头，代表 31 名农民工起诉黑砖窑。但广胜寺镇党委和派出所居然对农民工的去向一问三不知。广胜寺镇党委副书记苏某称，农民工工资发放等善后工作由曹生村村干部解决，农民工已被村干部领走，但村干部的电话却始终打不通，广胜寺镇派出所对此也持同样说法。至于补发工资的数额、农民工去向、如何回家等问题，他们一概不知。

对此结果，媒体作出了激烈的反应。称政府如此草草处理受害民工是对凶手的纵容，是想掩盖案件背后的强大势力，是对受害民工的麻木不仁。

江南都市报：当黑砖窑事件被曝光、全国媒体高度关注案情之时，如何善后其实也是对当地政府的一次大考，考的是政府的行政力、公信力，考的是政府处理危机、挽回形象、留住民心的能力。而就目前情况来看，当地官员在事件曝光后的不当善后,更让人义愤填膺:人证被遣散了,物证被烧了,主犯逃了,赔偿找不到人。如此善后可以给零分。

当地官员如此匆忙善后,并不是在给民工善后,而是在为自己善后,急忙息事宁人,想撇清责任。如此善后的背后,让人怀疑地方官员还在纵容保护黑窑主,还想蒙混过关。

四、洪洞县政府派工作组赴各地登门道歉

6月11日,全国总工会领导对洪洞县黑砖窑一案作出批示。

此后当天,洪洞县委副书记郭某牵头办理此案,对黑砖场一案做了新的安排:洪洞县政府紧急拨付20万元财政资金,用于兑现民工工资。而拖欠的工资按照"山西省最低工资的2倍"兑现,即每月940元,工资总额接近20万元。

6月12日,洪洞县公安局调整加大了办案力量,追捕工作分6个小组紧张有序地进行,并派侦查大队查封砖场老板王某和其妻子的账户及砖场设备和产品。

与此同时,洪洞县黑砖场大案惊动了中央领导,中共中央政治局委员、全国人大常委会副委员长、中华全国总工会主席王兆国亲笔作出批示。

6月13日上午9点,县委书记高某主持会议,研究对策。

6月13日下午,中华全国总工会书记处书记张某一行来到洪洞县,对黑砖场一案的查处进行督促、调查。下午2时30分,洪洞县委主要负责人汇报了黑砖场一案的详细情况。会议通报的一项重要内容是洪洞县要向31名受害的农民工正式道歉,道歉内容包括用县财政资金补发工资、农民工每人发放1000元的慰问金等;以上部分并不影响农民工的民事权利主张。

但由于当初的草草遣散,只有7名农民工有了具体下落,大多数人失去了联系。由于地方政府掌握资料存在诸多错误,使得工作难以展开,"补发工资也找不见人"。这也成为汇报会上洪洞方的"一道硬伤"。

6 月 14 日,山西省委书记对打击黑砖窑、解救被拐骗民工做出重要批示:"对此事要高度重视,从保护农民工、未成年人合法权益、维护社会稳定的高度,坚决打击违反劳动法的黑砖窑主,解救被拐骗的民工",在全省立即开展"打击黑砖窑主,解救被拐骗民工"专项行动,各市都要举一反三,认真检查劳动法贯彻情况,严厉打击违法用工行为。对被解救出的人员各地要妥善安排。

6 月 15 日,胡锦涛、温家宝、吴官正、李长春等领导同志都作了重要批示。公安部向全国发出公缉[2007]58 号 B 级通缉令,要求各地公安机关立即部署,查缉山西省洪洞县系列拐骗强迫他人劳动案件犯罪嫌疑人衡某。

6 月 16 日 19 时左右,包工头衡某在湖北省丹江口被十堰警方抓获。

6 月 15 日开始,洪洞县派出由工会、劳动保障部门、民政部门和公安部门联合组织的 11 个善后处理工作组,分赴全国 12 个省、市向被解救农民工登门道歉。并垫资用于支付这些受害农民工工资、受害补偿、赔偿,县政府也向农民工发出致歉信。洪洞县政府将先行垫付部分资金,按照洪洞县每月最低工资标准 470 元的 3 倍补发农民工工资,即每人每月 1410 元,再送上每人 1000 元的慰问金和一封洪洞县政府的致歉信。

五、洪洞县政府是否在"做秀"

这一报道发出后,在媒体上也引起了强烈反响,由于此次善后处理工作无论是从案件发展情势来看,还是从工作力度来看,都是洪洞县政府迫于从上至下的行政及舆论压力而做出的,所以被媒体称为"做秀",不少媒体就此发出质问。

其一,为何要在案件被媒体广泛报道和惊动中央领导的情况下,当地政府才想起向这些可怜的农民工道歉,之前都干什么去了?且不说这些黑砖场长期把这些农民工当奴隶、牲口一样对待,强迫他们劳动,当地劳动部门长期不给予查处;也不说当这些农民工身陷苦海、无力自救时,当地工会组织的销声匿迹;也不说当地公安机关和其他管理部门,对这些已明显涉及犯罪的黑砖场,一直不予管理和打击的渎职失职……单说在农民工获得解救后,那时候为什么不道歉?为什么不就地发还工资?为什么要等到农民工都不知去向后才如此劳命伤财,向农民工道歉,这样的道歉有多少诚意可言?

其二,道歉的方式值得商榷。11 个工作组分赴 12 个省、市向被救民工"登门道歉",即便一一见面了,这笔开支(包括车旅费)又该由谁来承担?政府用纳税人的钱来给黑窑主处理后事,合适吗?到底谁该为伤痛的农民工埋单?更何况,发还工钱还可以通过邮局、银行,道歉也可以通过电话、书信等形式表达,何以只选"上门"一条道呢?

六、洪洞县政府官员该不该引咎辞职

6 月 18 日,黑砖厂的厂主王某父亲、曹生村村支部书记王某已被免职并开除党籍。

6 月 19 日,洪洞县负责查黑砖窑案的纪检委干部办公室上班时间打牌被曝光。

6 月 19 日下午,最高人民检察院渎职侵权检察厅两位检察官启程赴晋,赶赴黑砖窑事件发生地山西省洪洞县。

6 月 19 日,公安部举行新闻发布会。针对山西黑砖窑事件,公安部警务督察局副局长郑某透露,公安部已于上周派出了由刑侦和督察人员组成的工作组赶赴当地,对案件的侦破实施督导,同时协调组织相关地区的缉捕工作。

6 月 20 日,山西省省长在当日召开的国务院常务会议上就山西洪洞黑砖窑案代表省政府作了检查。

6 月 22 日,在劳动保障部等三部委于太原召开的新闻通气会上,山西省省长代表山西省政府向受到伤害的农民工兄弟及其家属道歉,向山西人民检讨。

省长都在做检查、道歉,事发地的洪洞政府在做什么?除了曹生村支书、砖窑窑主王某的父亲王东记被免职并开除党籍外,还没有一名政府官员或警察为此承担责任,为此进行公开道歉,更没有引咎辞职。洪洞纪委干部打牌被曝光,省长于幼军公开检讨和道歉,一时间把问责风暴又推向了一个高潮,洪洞县政府官员该不该引咎辞职?

三秦都市报:中共中央颁布的《党政领导干部选拔任用工作条例》对党政领导干部引咎辞职作出了明确规定。党政领导干部因工作严重失误、失职造成重大损失或者恶劣影响,或者对重大事故负有重要领导责任,不宜再担任现职,由本人主动提出辞去现任领导职务。像这样一起令国人发指的案件,完全是由一些地方官员的失职渎职甚至是贪赃枉法造成的,社会影响恶劣至极,抓捕和严惩罪犯是必要的,但更不能由此而掩盖一些官员的重大责任,因此必须有人出面承担责任,引咎辞职,这是党纪政纪所需,更是民众所期盼的。

七、最后的结果

山西省高级人民法院 7 月 17 日就"黑砖窑"事件举行新闻发布会。山西省高级人民法院某副院长宣布,涉及黑砖窑事件中的 7 案 29 人已审理完毕,于今天下午作出一审判决并公开宣判。其中,被告人赵某被判处死刑,被告人衡某被判无期徒刑。

7 月 16 日上午,中共山西省纪律检查委员会、山西省监察委员会在山西太原举行新闻发布会,公布对在"黑砖窑"事件中负有监管不力、失职渎职之责,以及个别参与"黑砖窑"承包管理的党员干部、公职人员的查处结果。包括 18 名县处级干部在内的 95 名违纪党员干部、公职人员受到党纪、政纪处分,涉及 2 个市、8 个县,即临汾市的洪洞县、乡宁县、襄汾县,运城市的芮城县、临猗县、新绛县、万荣县、永济市。洪洞县委书记高某受到党内严重警告处分;免去洪洞县委副书记、县长孙某的副书记职务,同时建议免去其洪洞县县长职务。另有 8 名党员干部和公职人员移送司法机关,追究法律责任。同时,责成临汾市委、运城市委向省委作出深刻检查。此前,省政府已责成临汾市、运城市政府及省劳动和社会保障厅、省国土资源厅和省工商局向省政府作出深刻检查，其主要负责人在本市、本系统干部大会上作出检讨。

山西某省纪委副书记认为，这次处理干部力度之大、数量之多，是近年来少有的。对"黑砖窑"事件背后的腐败问题要继续调查，发现一起，查处一起，决不姑息！"黑砖窑"事件之所以发生，除直接刑事责任者的行为外，主要是一些基层党委、政府及相关职能部门的相关工作人员监管不力、失职渎职导致的。所以，这次党纪政纪追究的对象，主要是对事件负有直接监管责任的党员干部和公职人员。今后，纪检、监察部门要加强三个方面的工作：一是进一步加强对各级党委政府贯彻落实科学发展观的监督检查，特别是要把监督检查工作向基层延伸；二是切实履行监督职能，加大对行政不作为和失职渎职行为的监督力度；三是从教育、制度、监督、惩处等各个方面，切实加强农村基层党风廉政建设。

编写人：中央民族大学 2006 级 MPA 研究生

山西省洪洞县文联　李鸿雁

讨论问题：

1. 洪洞县政府在"黑砖窑"事件中负有什么责任？
2. 洪洞县政府对农村用工问题是否存在失察失控，原因是什么？
3. 洪洞县政府在"黑砖窑"事件发生后对民工的安置措施有那些失误？
4. 洪洞县政府在突发事件中对新闻媒体的应对有那些失误？

案例 2
农民工养老保险如何落实

引言:2007 年 4 月 1 日,S 市社会保险局李进江局长上午刚一上班,秘书就送来三份报告,是三家民营企业提交的,一个共同要求是把本单位雇佣的农民工的基本养老保险缴费比例由 28% 调整为 20% ,并且退还 2007 年一季度按照 28% 的比例多缴纳的养老保险费。其中一份报告是他的老朋友刘一凡写的。刘一凡是 S 市精诚商贸有限公司的董事长,市人大代表。有像刘一凡这样类似要求的企业还有十几家。关于农民工养老保险的落实工作,李进江局长遇到了难题。

一、农民工养老保险政策出台

2007 年 3 月底,D 省劳动和社会保障厅以 D 劳社[2007]13 号文件出台了《完善城镇职工基本养老保险制度实施意见》,其中对农民工养老保险作出如下规定:

凡农村户籍进城务工人员被企业雇佣后,要以全省上年度在岗职工月平均工资 60% 为基数,用人单位按照 16% 的费率为农民工缴纳基本养老保险费;农民工个人按照 4% 的费率缴纳基本养老保险费。社会保险经办机构按照实际缴费基数 8% 的规模,为农民工建立基本养老保险个人帐户,其中 4% 为个人缴纳,4% 为单位缴费划入。

该项政策规定从 2007 年 1 月 1 日起执行。

农民工养老保险的政策出台,农民工、用人单位和社会保险经办机构都十分关注。按照国家"十一五"规划,城镇基本养老保险要实现全覆盖,每一个城镇企业都要参加基本养老保险,都要按照规定为其职工缴纳基本养老保险费。城镇企业雇佣农村户籍人员的现象越来越多,这些企业大部分是民营性质的企业,国有、集体企业多集中在建筑、纺织、商贸流通等行业。让这些企业及其雇佣人员参加基本养老保险,是推进城镇基本养老保险实现全覆盖的重要举措。

二、社保局认为是节外生枝

省厅出台的针对农民工养老保险政策在 S 市应该怎样贯彻落实呢？因为在该政策出台之前,S 市并没有专门针对农民工的养老保险政策,企业对农民工与其他工人一样,也是按照统一的标准 28% 交纳的养老保险费。现在省政府出台了专门针对农民工的政策,是好事,但对 S 市来说,却是节外生枝。现在摆在 S 市社保局面前的问题是,像刘一凡这类企业已经为农民工缴纳的养老保险费要不要退还？以后在 S 市参保企业中的农民工和非农民工养老保险该如何缴费？是继续执行 28% 的统一费率,还是实行差别费率？

于是,李进江局长主持召开保险局处长会议,就上述问题进行研究。与会人员热烈讨论,基本观点有二。一是省的政策规定企业雇佣的农民工实行 20% 的低费率,是照顾到农民工收入低的现实,是一种鼓励雇佣单位参加社会保险的措施。二是社会保险机构对这种规定经办起来操作困难。这项规定是城镇养老保险政策的节外生枝,不利于制度的统一和规范。

城镇企业职工基本养老保险在自 1986 年实行社会统筹制度改革起历经的 20 多年时间里,国家、各省相继出台一系列文件进行调整,特别是国务院 1995 年出台了《关于深化企业职工养老保险制度改革的通知》(国发〔1995〕6 号)、1997 年出台了《关于建立统一的企业职工基本养老保险制度的决定》(国发[1997]26 号)和 2005 年出台的《关于完善企业职工基本养老保险制度的决定》(国发[2005]38 号)文件,对城镇企业职工基本养老保险的基本框架和基本原则在四个主要方面进行了规范:一是缴费比例。企业一般不超过企业工资总额的 20%,个人缴费比例最终达到 8%。二是个人帐户规模。从 2006 年 1 月 1 日起,个人帐户的规模统一由本人缴费工资的 11% 调整为 8%,全部由个人缴费形成,单位缴费不再划入个人帐户。三是统一基本养老金计发办法。四是基本养老保险覆盖城镇所有劳动者。城镇个体工商户和灵活就业人员参加基本养老保险的缴费基数为当地上年度在岗职工平均工资,缴费比例为 20%,其中 8% 记入个人帐户。

回顾 20 多年的城镇企业职工基本养老保险制度改革历程,再反观 D 省的农民工养老保险政策,D 劳社[2006]63 号文件就好像在城镇企业职工基本养老保险政策体系中单列出一块儿特区,使得经办工作面临了以下几个方面的困难:

一是一个企业两个缴费比例。企业雇佣的农民工缴费比例为 20%,非农民工缴费比例为 28%,企业每月向社会保险经办机构申报缴费,给应缴数额的核定工作造成麻烦。另外,计算机程序也要进行调整。

二是农民工身份不容易甄别。农民工应该是农村户籍、进城务工、被城镇企业雇佣的人员。目前,社会保险经办机构并没有与公安户籍部门进行计算机连网,人员户籍信息不能做到共享,对农民工户籍进行甄别的工作量很大,且准确率不高。

三是用人单位容易从"农民工"上做文章,少缴养老保险费,社会保险机构稽核起来也不容易查实。

因此,社会保险经办机构的意见普遍认为,参加城市社会保险的农民工养老保险缴费比例不宜另行规定。农村户籍人员可以参加农村养老保险。农村户籍人员进城务工,如果被企业雇佣的,执行企业职工的缴费标准(即企业缴费比例 20%,个人缴费比例 8%);没有雇佣单位的,本人自愿参加城镇养老保险,是个体工商户的,凭个体工商户营业执照,在经营地的社会保险经办机构,按照 20% 的缴费比例缴纳养老保险费,是灵活就业人员或自由职业者的,也可以比照个体工商户参保缴费。这样,既解决了农民工参保缴费问题,又维护了城镇企业职工基本养老保险政策的完整和统一。

三、企业要求兑现省里政策

刘一凡说,对农民工实行低费率,对用人单位参加养老保险、按时足额缴纳养老保险费是一种吸引,是一种鼓励。他的公司面向农村招用了一批售货员、服务员,主要为女性,有 300 人,另外招用城镇户籍人员和原国有企业职工还有 500 人,公司共有员工 800 人。他算了一笔账:全省上一年度在岗职工月平均工资为 1360 元,平均每人每月按这个缴费基数缴费,单位缴费比例为 20%,则公司为每人每月缴费 272 元,300 名农民工一个月缴费 81600 元。如果按照 16% 的缴费比例,300 人每月缴费 64280 元。前后比较,公司每月多缴纳了 16320 元,今年头三个月多缴纳 48960 元(如果按文件规定的全省在岗职工平均工资的 60% 为基数,那么多缴的数额更大)。他说,我们是民营企业,我们积极响应政府号召,自觉遵守法律,去年就为全体职工参加了养老、失业、工伤和医疗保险。现在,农民工的养老保险缴费比例有了新的规定,如果不给我们按照低费率退回已经缴纳的养老保险费,这是不公平的。

另有 26 家民营企业去年底已经进行了社会保险参保登记,因为农民工养老保险费率问题,今年也迟迟不向社会保险局申报缴费。社会保险经办机构的养老保险费申报审核和保险费征收工作遇到了阻碍。据统计,已经在 D 市社会保险局参加养老保险的企业有 2605 家,参保的在职职工 46 万人,其中雇佣农民工的有 138 家,涉及农民工 3000 多人。从 4 月份开始,这些企业在申报时都要求按照农民工的优惠费率即单位 16%、个人 4% 的比例缴费。

面对相当数量企业的要求,社会保险经办机构该如何处理呢?对企业缴费申报进行审核是基金收缴的前提,也就是说,如果 4 月份对农民工缴费比例问题不能尽快解决,将影响到 4 月份的养老保险基金收缴,也将直接影响到企业离退休人员养老金的按时足额发放。

四、农民工希望落实政策

农民工是当前一个特殊的劳动群体。他们为城市的建设和社会的进步作出了很大的贡献,但是却被排除在社会保险福利的大门之外。就农民工参加社会保险问题,各界人士发表了不同的意见。

S 市政府政策研究室主任张保来说,社会保险扩大覆盖面是当前政府工作的一个重点,也是一个难点,农民工参加社会保险只是其中一个方面的问题。造成扩大覆盖面难的原因,一是社会保险工作缺乏强制手段。用人单位不参加社会保险的行为,还得不到应有的行政的、经济的、法律的处罚,用人单位参保带有很大的随意性,有利就参加,没有利就不参加。二是农民工参保意识不强。他们中还有不少人认为社会保险是与自己没有关系的事情。有的认为还得从自己工资中扣除一部分,不上算。有的认为将来能不能享受待遇还是个问号,干脆现在就别缴。三是农民工经济承受能力不高。经济收入低,缴纳保险费数额高,负担不起。因此,对农民工实行"低费率"是一种"降低参保门槛、推行基本保障、实现全覆盖"的政策选择。

S 市大学管理学院教授肖立群说,在政策的制定、执行中,行政成本和行政效果是两个重要的评估指标。调查中发现社会保险经办机构存在的执行难问题,说明这项政策的不成熟。

D 省劳动保障厅养老保险处处长王富昆说,按照现行的企业职工基本养老金计发办法,职工退休后的养老待遇与缴费年限、缴费基数密切挂钩。与城镇企业职工相比,农民工养老保险缴费比例低,但缴费基数并不低,这种规定可以使农民工在缴费方面得到优惠,在退休养老金水平上得到充分的保障。可以说,"低费率和基本保障"是制定这项政策的着眼点。

农民工是这项政策的直接受惠者。农民工自己算过这笔账:以 1360 元为缴费基数,个人缴费比例由 8% 降低到 4%,每人每月少缴纳 54.4 元。但是,农民工说,"实惠"听得到却看不到。眼看着优惠政策不能执行,感到有些失望。

　　李进江听取了各方面的意见和建议后,就 D 劳社[2007]13 号规定的农民工养老保险政策贯彻执行问题,向市政府提交了报告……

编写人:中央民族大学 2005 级 MPA 研究生

河北邯郸市社会保障中心　封会民

讨论问题:

1. 怎样理解政策的规范性在公共管理中的作用? 怎样能够保持公共政策的连续性、统一性和完整性?
2. 如果你是李进江局长,你该如何执行上级的政策呢?
3. 对当前的农民工养老保险问题,你有什么意见和建议?

案例 3

昭通市政府是否有意隐瞒震情

引言:2006 年 7 月 22 日上午 9 时 10 分 22 秒,东经 104.2 度、北纬 28.0 度的云南省昭通市盐津县发生了 Ms5.1 级地震,这次地震造成 22 人死亡、106 人受伤,其中 8 人重伤,15.3 万人受灾;房屋倒塌 689 户,1400 多间,严重受损 9306 户。光缆线受损 3000 余米,通信线路中断 3000 余米,铁路、公路受损 10 余处。地震的直接经济损失达 3 亿多元。地震之后,有关照通市政府有意隐瞒震情的报道,对政府管理部门无异于一次更强烈的地震。

一、地震预报为什么没有传达

照通市这次地震只是一次中等地震,但造成的破坏相对较大,造成地震破坏程度大的直接原因有,一是震源非常浅,震源离地面只有 9 公里左右,是近年来云南发生的所有地震中震源较浅的一次;二是特殊的地质地貌和气象条件,当地山高坡陡,平地较少,地震前震中地区雨量比较集中,土体、岩体松动,在地震发生后,岩体、石块大量滑落,造成了伤亡。22 名遇难者大部分为外出在山路上的村民,岩石落下时,行人根本无法躲避。三是当地民居所住房屋多为土木结构,在地震发生时容易倒塌、损毁并威胁生命财产安全。

地震发生后,省市县三级政府立即开展了及时快速有效的抗震救灾,迅速清查和抢救伤员,安置受灾群众,紧急调运粮食、帐篷、衣物、棉被、矿泉水等至灾区,地震应急和救援安置在有序进行……

然而,地震发生后的第四天,2006 年 7 月 26 日晚间,一家权威媒体"市政府扣压准确预报不传达"的报道把云南省昭通市政府推上了舆论的焦点:7 月 22 号,云南盐津发生地震,造成百名以上人员伤亡,财产损失高达 3 个亿,地震发生后,地震台网很快就确定这次地震震源距地面只有 9 公里,属于超浅源地震。但其中的隐情是,7 月初,云南省地震局就已经对这次地震的发生作出了准确预报,那为什么损失没有避免呢?

报道一出,舆论哗然,云南省昭通市政府成为了众矢之的。人们在热议地震之时,又平添一股怒气和疑虑。境内外众多媒体纷纷发表评论,网民也在论坛上痛斥"昭通官僚"。

云南省地震局副局长也证实"有过预报,7 月份左右。"

昭通市市长证实地震部门确实有过预报,昭通市市委市政府在 7 月 20 日和 21 日进行开会研究。然而,地震就在 22 日发生了。昭通市市长坦言,由于有关部门认为地震预报的准确性并不是很高,为了避免社会恐慌,可能发生地震的预报并没有传达下去。

盐津是个地质灾害比较严重的县,因而每年雨季到来前,监测和排除地质险情是一项重要的工作。就在地震前三天,有关部门还在城区背后的山顶处置了一块松动的巨石。

自然灾害谁也不希望发生,但是从灾难中吸取教训、防范未然、相信科学探测是各级有关部门应该必须重视的问题,政府部门的重视程度直接关系到百姓的安危。

面对自然,人类是渺小的;但面对自然灾害,人类是可以采取策略减少损失的。东南沿海正在积极应对台风格美,准确的预报信息意味着人民群众可以拥有保护生命财产的宝贵时间。对于云南昭通盐津地震信息没有被及时传达,既是遗憾,也值得反思。

二、政府为什么隐瞒震情

新闻媒体对此事多持有强烈的批判态度。多数媒体认为昭通盐津地震信息没有被及时传达,反映了政府官员和普通百姓对天灾和人祸辩证关系的认识不足,政府为了一个"避免社会恐慌",竟然拿那么多人民生命财产当赌注!对于政府来讲,传达地震预警信息,可能要承担误报地震引起社会恐慌的责任;而不传达地震预警信息,还可以用"地震预报的准确性并不是很高"和"自然灾害不可抗拒"来敷衍塞责。在利益权衡当中,官员选择了后者来达到最大的保险效果。试问,如果地震法中明确规定:拒不传达地震部门的地震预报,造成严重后果者,将承担渎职和刑事责任。对于政府来讲,其行为选择又将如何?

媒体普遍的评论姿态是,昭通市有关部门刻意隐瞒地震预报,封锁了本该让公众知道的信息,既是对公民知情权的粗暴侵犯,是"懒政"的典型表现;也是极其严重的渎职行为,涉嫌玩忽职守。

三、地震局否认有地震预报

令人不解的是某媒体在地震后对云南省地震局进行采访时,省局副局长说:"有过预报,7月份左右"。报道播出后,面对不同的媒体,云南省地震局副局长随后又否认了自己曾讲过:"我没说过那句话。"这位副局长作出的解释是,国家对地震预报是有条例规定的,由政府掌握,地震局并不具备发布的权力。当时,该局长对于来访记者的回答主要是介绍地震预报的相关管理条例以及政府职责,并没有对该方面的问题提出具体意见。至于报道中怎么会出现"有过预报,7月份左右"的同期声,这位副局长说,"我不明白,不知道怎么回事"。但经核实,这位副局长确实说过这样的话,而且有原始画面为证。

据《春城晚报》报道,《春城晚报》记者在昭通市地震局采访时看到了震情分析文件。他了解到,5 月份,市地震局给市政府发出了一份建议性的震情分析,希望政府通知下面各单位引起重视。这份文件的主要内容为:"2006 年底前滇东北存在发生 5.0 级左右地震危险,区域为永善—大关—彝良一带。"

昭通市市长罗应光说,他们确曾收到过未来 3 到 5 个月内将要发生地震的"中长期趋势分析"。他认为,媒体的报道和网友的误解,是因为对地震科学知识和当前地震科学预测预报水平的不了解,对国务院《地震预报管理条例》不清楚所造成的。"稍微了解地震知识的人,都知道地震预测根本不存在准确预报的可能。"

按照规定,地震震情预测分 4 类,未来 10 年内将要发生的为"地震长期预报",未来一两年内的为"地震中期预报",3 个月内的是地震短期预报,10日内的是临震预报。长期、中期和短期只能是宏观性的预警,只能报道地域和强度的大体范围,根本谈不上"准确"。只有临震预报,才可以精确到"时间、地点和震级"。

地震预报的发布权,在国务院和国务院委托的省级政府,市一级、县一级的政府不具备任何地震预报发布权。罗应光市长说,中长期的趋势分析,按规定只能内部控制,不能对外公布。而该政府的一切行为都是按照政府的规则来操作的。按照国务院规定,政府只能随时按照市里原先制定的预案,采取内部的应对措施。

这种措施,只是地震预案启动前的准备。罗应光市长说,以昭通市政府为例,灾前他们就已调拨了救灾物资,强化了地震预案。但更多的时候,预测分析只能给政府提高思想上的警惕。

7 月 2 日,市委书记邓培先到市地震局听取汇报后,决定召开地震专题会议,会议的时间被定在 3 周后的 24 日。7 月 19 日,昭通市地震局向市有关单位和各区县的地震局发出了地震震情分析,要求各区县地震局加强震情监视,并启动宏观联络员工作报告制度。

"没想到地震在还没有开会时就发生了,毕竟分析上说年底前啊。"有关干部说。

省地震局的解释:

云南省地震局局长皇甫岗说,昭通等地地震局的分析对省局作出预测有很大帮助。他们随后曾综合昭通等地震局反映的情况进行预测,最终呈报给省政府的是"3 个月内的短期预测"。

按照皇甫岗的解释,政府之所以不能公布这些地震震情最主要的原因不是害怕恐慌、求稳定,而是本身预测水平比较低。虽然中国的地震预测水平已处世界领先地位,但成功率仍然很低。尽管国务院条例中有"临震预报"的规定,但政府并不具备这样的行事能力。即便是现在,我国也没有启动过这个临震预报程序。

地震短期预报的成功率最高也只有 10% 左右。地震预测"不可能像天气预报一样做到精确,也不存在准确预报的概念"。一般的震情预测,只是对"较大的区域,一定的震级范围,一定的时间范围内,存在什么样的可能性"作出分析。这是一种宽泛而不精确的概念。时间可以长达 10 年,区域范围最高可达几万平方公里。

此次盐津地震震前预测中所说的"2006 年底前"、"滇东北"、"永善—大关—彝良一带"等在时间、区域上就是比较模糊的,与一般人以为的"准确"相距甚远。皇甫岗说:"即使是成功率达到了 20%,也等于不能预报。5 次有 4 次不准,那等于大多数不准。如果按这种水平发布,肯定会是灾难性的。"因此,预测结果根本无法转化为行政的具体操作程序。

皇甫岗说,目前的地震预测,只是"内部的科学探索性质的分析,真正到社会上去运用,是不可能的"。预测的好处,就是会引起政府足够的重视。"我们就某个区域内的某种危险给政府汇报,建议政府有控制地向下面传达。各级政府就能有预前性的准备,采取相应的内部措施。"

"它只是科学家的一个内部行为,作为政府的参考。不可能到行政层面的具体操作程序上。"皇甫岗反复强调说。

皇甫岗说,这次发生的媒体事件,主要和网友对地震知识和信息的不了解有关。但他承认,媒体、网民对信息不公开的谴责也引起了相关部门的重视。"下一步我们会尽可能公开我们的消息。"皇甫岗说,他们刚开过网上宣传工作会议,以后所有的东西都通过网上发布,"我们要把它做深,不断更新。能让大家知道的,都会让大家知道。"

盐津县政府的态度:

盐津县县长李疆承认,7月6日去井冈山学习前,她曾经部署过排除地质灾害工作。盐津是堆积层地貌,地质灾害本就频发,经常出现山体滑坡、泥石流。并且国土资源局曾经安排15万元给每个乡镇各发1万,其他由地区统一支配,专门用来排除地质灾害。民政局也有10万元的资金。李疆县长介绍:"老城区的主街后面有个几十吨重的大石头,当时就被及时排除了。否则,如果地震那天掉下来,街上不知道要死多少人。"

李疆也看到了网上的评论,"说实话,现在我们地方政府压力非常大。但这是天灾,虽然我们之前做了一些地质预防工作,也不能完全排除。"

信息公开也许的确有利灾区的社会稳定。李疆县长说,盐津地震后,当地老百姓恐慌的很多,各种谣言四起。最后,她专门安排了副县长杨明书发表电视讲话,公开了地震的专家意见,"此次地震属于主震余震型,震源浅,震源深度仅9公里,震中距盐津县城仅14公里,范围达860平方公里。此后最大的余震,不会超过3到4级。"针对各种传说,进行辟谣。一夜过后,谣言消失无影。

编写人:中央民族大学2005级MPA研究生

内蒙古赤峰市地震局　耿继晔

讨论问题:

1.如何把握灾难信息报道的科学性和客观性,如何积极引导社会舆论?

2.地震工作部门怎样应对媒体?地震预测信息是否需要公开?怎样公开?

3.地方政府怎样平衡信息公开与保护公众利益之间的关系?

附录：

1.地震预测预报的现状

整体不过关，是世界性科学难题

地震是重大的自然灾害，是迄今为止仍然尚未掌握其规律的世界性科学难题。地震的孕育和发生时间跨度漫长，地域范围广，深达地下十几公里、几十公里甚至上百公里，当今的科技手段还不能有效探测到，还停留在"假说"阶段。准确的时间、地点、强度的短临预报没有成型的理论。国外一些科学家前几年甚至在美国《科学》杂志上撰文，认为不可能作出地震的短临预报。

地震预报有强烈的社会需求

地震预报是科学至今没有解决的事情，具有科学探索性；另一方面它有强烈的社会需求。

在历史上，我国是遭受地震灾害最严重的国家之一，公众迫切需求在地震前能够得到告知。1966 年邢台大地震伤亡 5 万人，周恩来总理 3 次到灾区，希望科技工作者急人民群众之所急，勇敢地投入到地震预报的工作中去。

20 世纪 60 年代，很多国家都遭受了大地震的袭击，伤亡惨重。从那时起，这些国家也开展了国家计划指导下的地震研究工作。几十年后，地震预报虽然取得了很大进展，但是离满足公众需求还有很大的距离。

因此，很多国家都是把地震预报当作科学探索的内容，科学家可以把预测意见发表在专业刊物上，但是一般公众看不到，只有中国是把它作为一项政府任务、职责来做。

预报决策的难度大

震情分析不等于地震预报。前者是专家预测，提示地质灾难的可能情况，但可能出现也可能不出现；后者是政府法定行为，两者不是一回事。

现在地震预测的水平还不过关，谁也不能保证地震一定发生或者一定不发生。有可能预报了 10 次，但最后只有一次是真的。在这样的低水平下，政府要作出疏散几十万甚至上百万民众这样的决策，是非常困难的。

对于震情预测，各级地震部门每周都要集中专家会商，从已经掌握的信息和数据方面去判断，经常是各持己见，意见不一。最后形成的震情会商意见，往往写成"有发生几级以上地震的可能，但是也不排除不发生的可能"，然后向政府报告。政府拿到的预测意见往往是在时间、地点和强度上都很模糊的意见，政府在决策时自然很为难。地震预报是一把双刃剑，预报后没有发生地震也会造成很大的损失。如果政府正式发布预报疏散了公众，停止了各项生产和活动，可是地震没有发生，不仅会造成巨大的经济损失，还涉及到赔偿的问题。

只有我国把地震分析预报作为政府的责任

我国现在是边研究、边观测、边预报，从本质上仍处于初级探索阶段。但是我们对地震预报并不悲观，相信揭示了地震的演化规律后，能够在预报水平上取得突破。

目前在有利条件下，比如地震发生地的监测台网密度比较高，对地区地层活动的研究比较深，再加上某些类型的地震在震前征兆明显，我们就可以作出一定程度的预报。

自海城地震后，我国对发生在辽宁岫岩、云南孟连、新疆伽师、甘肃民乐等地的地震，都作了准确预测，最终由政府发布预报，及时疏散了民众。

中国大多数大城市都处于地震活动较为强烈的地区，地震安全形势很不乐观。我们现在提出要执行综合防御的方针，重视地震安全规划，加强防震减灾管理，建设、完善预防和应急救援体系。美国和日本就是通过这些举措，大大减少了人员伤亡。

一个初步方案是，先划出全国的地震重点监测防御区，由国务院发文给当地政府，明确规定在这些区域内必须采取的各项防震抗震措施。如果情况严重了，中国地震局将划出地震重点危险区，用不同的颜色代表危险的等级，及时向国务院发出预警。

2.地震预报管理条例

地震预报管理条例

(1998 年 12 月 17 日中华人民共和国国务院令第 255 号发布)

第一章　总　则

第一条　为了加强对地震预报的管理,规范发布地震预报行为,根据《中华人民共和国防震减灾法》,制定本条例。

第二条　在中华人民共和国境内从事地震预报活动,必须遵守本条例。

第三条　地震预报包括下列类型:

(一)地震长期预报,是指对未来 10 年内可能发生破坏性地震的地域的预报;

(二)地震中期预报,是指对未来一二年内可能发生破坏性地震的地域和强度的预报;

(三)地震短期预报,是指对 3 个月内将要发生地震的时间、地点、震级的预报;

(四)临震预报,是指对 10 日内将要发生地震的时间、地点、震级的预报。

第四条　国家鼓励和扶持地震预报的科学技术研究,提高地震预报水平。

对在地震预报工作中做出突出贡献或者显著成绩的单位和个人,给予奖励。

第二章　地震预报意见的形成

第五条　国务院地震工作主管部门和县级以上地方人民政府负责管理地震工作的机构,应当加强地震预测工作。

第六条　任何单位和个人根据地震预测资料和研究结果提出的地震预测意见,应当向所在地或者所预测地区的县级以上地方人民政府负责管理地震工作的机构书面报告,也可直接向国务院地震工作主管部门书面报告,不得向社会散布。

任何单位和个人不得向国（境）外提出地震预测意见；但是，以长期、中期地震活动趋势研究成果进行学术交流的除外。

第七条 任何单位和个人观察到与地震有关的异常现象时，应当及时向所在地的县级以上地方人民政府负责管理地震工作的机构报告。

第八条 国务院地震工作主管部门和省、自治区、直辖市人民政府负责管理地震工作的机构应当组织召开地震震情会商会，对各种地震预测意见和与地震有关的异常现象进行综合分析研究，形成地震预报意见。

市、县人民政府负责管理地震工作的机构可以组织召开地震震情会商会，形成地震预报意见，向省、自治区、直辖市人民政府负责管理地震工作的机构报告。

第三章 地震预报意见的评审

第九条 地震预报意见实行评审制度。评审包括下列内容：

（一）地震预报意见的科学性、可能性；

（二）地震预报的发布形式；

（三）地震预报发布后可能产生的社会、经济影响。

第十条 国务院地震工作主管部门应当组织有关专家，对下列地震预报意见进行评审，并将评审结果报国务院：

（一）全国地震震情会商会形成的地震预报意见；

（二）省、自治区、直辖市地震震情会商会形成的可能发生严重破坏性地震的地震预报意见。

第十一条 省、自治区、直辖市人民政府负责管理地震工作的机构应当组织有关专家，对下列地震预报意见进行评审，并将评审结果向省、自治区、直辖市人民政府和国务院地震工作主管部门报告：

（一）本省、自治区、直辖市地震震情会商会形成的地震预报意见；

（二）市、县地震震情会商会形成的地震预报意见。

省、自治区、直辖市人民政府负责管理地震工作的机构，对可能发生严重破坏性地震的地震预报意见，应当先报经国务院地震工作主管部门评审后，再向本级人民政府报告。

第十二条　省、自治区、直辖市人民政府负责管理地震工作的机构，在震情跟踪会商中，根据明显临震异常形成的临震预报意见，在紧急情况下，可以不经评审，直接报本级人民政府，并报国务院地震工作主管部门。

第十三条　任何单位和个人不得向社会散布地震预报意见及其评审结果。

第四章　地震预报的发布

第十四条　国家对地震预报实行统一发布制度。

全国性地震长期预报和地震中期预报，由国务院发布。

省、自治区、直辖市行政区域内的地震长期预报、地震中期预报、地震短期预报和临震预报，由省、自治区、直辖市人民政府发布。

新闻媒体刊登或者播发地震预报消息，必须依照本条例的规定，以国务院或者省、自治区、直辖市人民政府发布的地震预报为准。

第十五条　已经发布地震短期预报的地区，如果发现明显临震异常，在紧急情况下，当地市、县人民政府可以发布 48 小时之内的临震预报，并同时向省、自治区、直辖市人民政府及其负责管理地震工作的机构和国务院地震工作主管部门报告。

第十六条　地震短期预报和临震预报在发布预报的时域、地域内有效。预报期内未发生地震的，原发布机关应当做出撤销或者延期的决定，向社会公布，并妥善处理善后事宜。

第十七条　发生地震谣言，扰乱社会正常秩序时，国务院地震工作主管部门和县级以上地方人民政府负责管理地震工作的机构应当采取措施，迅速予以澄清，其他有关部门应当给予配合、协助。

第五章　法律责任

第十八条　从事地震工作的专业人员违反本条例规定，擅自向社会散布地震预测意见、地震预报意见及其评审结果的，依法给予行政处分。

第十九条　违反本条例规定，制造地震谣言，扰乱社会正常秩序的，依法给予治安管理处罚。

第二十条　违反本条例规定，向国（境）外提出地震预测意见的，由国务院地震工作主管部门给予警告,并可以由其所在单位根据造成的不同后果依法给予纪律处分。

第二十一条　从事地震工作的国家工作人员玩忽职守,构成犯罪的,依法追究刑事责任;尚不构成犯罪的,依法给予行政处分。

第六章　附　则

第二十二条　震后地震趋势判定公告的权限和程序,由国务院地震工作主管部门制定。

第二十三条　北京市的地震短期预报和临震预报,由国务院地震工作主管部门和北京市人民政府负责管理地震工作的机构,组织召开地震震情会商会,提出地震预报意见,经国务院地震工作主管部门组织评审后,报国务院批准,由北京市人民政府发布。

第二十四条　本条例自发布之日起施行。1988 年 6 月 7 日国务院批准、1988 年 8 月 9 日国家地震局发布的《发布地震预报的规定》同时废止。

案例 4

天价药费引发的思考

引言:74 岁的翁文辉生前是哈尔滨市一所中学的离休教师。一年前,被诊断患上了恶性淋巴瘤,因为化疗引起多脏器功能衰竭,2005 年 6 月 1 日,他被送进了哈尔滨医科大学第二附属医院的心外科重症监护室,2005 年 8 月 6 号凌晨老人因抢救无效在医院病逝,总计住院 67 天。老人住院 67 天,住院费用 139.7 万元,平均每天 2 万多元。住院期间在医生建议下,病人家属又自己花钱买了 400 多万元的药品交给医院,作为抢救急用,合计耗资达 550 万元。住院 67 天花了 550 万,这创造了一项"中国之最"的天价药费。出于对巨额费用的不解,患者家属开始怀疑,这些药品到底有多少用在了翁文辉身上,并先后写了 100 多封举报信投递给相关部门。中央电视台《新闻调查》的有关报道,让这座冰城再次成为国人瞩目的焦点。2005 年 11 月下旬,卫生部派出调查组,赴哈尔滨对此事进行调查。天价药费引发了人们的许多思考。

一、家属对天价药费的调查

出于对巨额费用的不解,患者家属先后写了 100 多封举报信投递给相关部门。当时,为回应患者家属翁强的质疑,哈医大二院曾组成调查组,对其父亲的每日费用清单以及医嘱单等进行核对,并出具《关于患者翁文辉在我院住院期间的初步调查》,对药品、化验和手术材料费等收费情况作了说明。

这份《初步调查》主要有以下问题:

1. 多收费。病房化验调查结果中,医嘱合计2119(次)、化验报告单为1902(次),收费汇总单却成了2030(次),也就是说,医院多收了128(次)。其中在肾功能化验中,医嘱为156(次),化验报告单为144(次),收费汇总单为228(次),多收了84次,但医院在"备注"一栏里只承认多收了3(次);而在关于化验的说明中,医院又解释说"检查科一份报告中含有多个检验项目,如肾功能,收费总次数是27次乘以4(项目)=108(次),但报告只有27份"。前后自相矛盾。

2. 乱收费。在"血库项目(明细表)"中,RH血型鉴定、血小板交叉配合实验等11个项目,既没有医嘱,也没有化验报告单,却被收费895(次)。同时在"病房化验调查结果(明细表)"中,异常白细胞形态、异常红细胞形态等5个项目,也没有医嘱和化验报告单,被收费18(次)。

3. 重复检查。翁强的父亲住院期间被收费化验2925次,平均一天44次。其父没有糖尿病,可是血糖化验(收费)达565次,平均一天近9次。重复检查、过度治疗在其父身上,可谓达到了"登峰造极"的程度。在《初步调查》承认的2925次收费化验中,医嘱与化验报告单、收费汇总单全部相符的只有35份。《初步调查》还显示,医院给其父在48小时内做了43次血气分析,并解释说"存在这种情况,因每一小时做一次,48小时43次正常"。

另外,收费账单显示,6月3日,医院给其父做痰培养54次,一张化验报告单的结论是"有菌",其他53张为"未查获真(细)菌"。7月5日~8月4日,短短一个月时间里,医院给其父输入各种液体1吨多。输入液体总量最多的7月13日,一天将近170公斤,相当于一名正常成年男性体重的两倍。一小时做一次血析,整整持续了两天,其程度令人咋舌!而医院对这样的用量竟然说是正常现象!简单想一下一天24小时能做54次痰培养?而且结论不一样,翁强到底应该相信哪个? 天天输那么多液体,一位风烛残年的老人能受得了如此狂灌吗?

最让翁强不能容忍的事情有三件,一是其花费几百万元给父亲外购药品存进 ICU 病房,多数不翼而飞。发现问题后,翁强买药都买两份,买一份怕父亲用不上。其父的主治医师王某证实,他接手翁强自备药品 10 多种,但这些药品的去向十分可疑。一次,其他患者出现真菌感染,医院没有"克赛斯"这种药,ICU 病房主任于某让王雪原把翁文辉的药给那个患者用。还有一次,翁强发现一种药品没给翁文辉使用,就质问于某,于某说借给其他科室了。翁强跑去一问,那个科室的人却说早把药钱给了于某。

二是医院从上到下串通一气,弄虚作假。翁强办理出院结账时,医院分别于 8 月 12 日和 8 月 15 日打印了同一份"住院病人费用明细单"。在血液收费栏中,一张单子上列有"血费"、"冰冻血浆"、"红细胞"、"浓缩血小板(冰冻) + 浓缩血小板(新鲜)"四项,收费分别为 12972 元、600 元、6900 元和 1725 元,总计 22197 元;而另一张单子只列了"冰冻血浆"、"红细胞"、"浓缩血小板(冰冻) + 浓缩血小板(新鲜)"三项,收费分别为 600 元、6900元和 1725 元,总计也是 22197 元。同一份"住院病人费用明细单",不同时间打印出两个版本,而且在项目缺失的情况下,收费总额竟然相同,这更加让翁强觉得是伪造的。

翁强为了收集证据,手里掌握着 30 多张医院收费账单,上面加盖的收费公章大概有 10 种。这些公章形状不一,有圆形的、方形的、菱形的;名称也五花八门,分别为"登记专用章"、"住院处现金收讫"、"预交金收款"、"预交金专款"、"预交金收讫"等。翁强质疑道,哪家医院有这么多公章啊?这里面肯定有问题。

三是医院给患者用了不该用的药。进口药品"珍怡"的使用禁忌症清清楚楚地标明:"有肿瘤进展症状的患者和严重全身感染等危重病人在机体急性休克期内禁用。"其父的主治医师王某在一份证言材料中证实,从 6 月 1 日起,医院给其父用了"珍怡"。曾有专家警告说,"珍怡"是生长激素会刺激肿瘤增生,应该立即停用。王某向 ICU 病房主任于某请示,于某坚持继续给用。而于某这样做是为了帮助外国药厂推销药品，从而达到出国旅游的目的。在其父抢救期间，于某接受药厂邀请出国数天。科里很多人也看到了她在菲律宾"晒太阳"的照片。

5 月 31 日，这是翁强记忆中的一个特殊夜晚，这一天他刚从哈尔滨飞回到北京，大约是晚上 18 点多，就被告知父亲病情恶化快不行了，翁强马上让人开车赶回机场，"截"住了下一班飞往哈尔滨的飞机，还请来他所信任的医生和专家随行，北京朝阳医院院长王某是其中之一。赶到医院已经是 22 点以后，"那时候父亲已经被盖上了白布，所有的医疗设备也撤了"，翁强让自己带去的医生重新上呼吸机，进行抢救。而 6 月 1 日凌晨却出现了奇迹般的转变，其父被他带去的医护人员从死亡线上拉了回来，"各项指标基本恢复正常"，从而转入由于某担任主任的心外 ICU。

从翁文辉进入心外 ICU 的这天起，他的治疗似乎就进入一种与一般患者并不相同的状态。根据翁强的描述，从这天开始，作为患者家属，他对其父"不遗余力地救治"的核心内容，就是满足 ICU 提出的任何要求。这个期间的花费让翁强感叹，"钱都好像不是钱了"。交钱的事情基本上由他和弟弟翁小刚负责，在刚开始的 6 月 1 日、6 月 2 日两天就交了 18 万元，3 日马上又通知交钱。从此以后基本上每天医院都会打电话催交钱，"每天交几万块钱，自从我父亲进 ICU 以后没有一天是不欠钱的，每天都没有剩余"。

翁强回忆道，从很早开始，他对医院的行为就有怀疑了，钱花得太快了，但当时想的还是先治病。后来这种怀疑变得更加真切，从 7 月 11 日晚上 18 点到 7 月 13 日晚上 18 点，十几万元就没有了。翁强说这一天还因为对费用的疑问，跟打电话通知他欠费的主治医生王某发生了"小误会"，他的疑问被传递到主任于某那里，并且"被误解为要去查账，对医院不信任"。可以说，这是医患双方因费用问题的第一次摩擦，但这时的翁强显然开始追究自己的疑惑。自从翁文辉转入 ICU 之后，为了随时了解病情，翁强安排了专人每天开车在医院楼下守候，由于 ICU 是不让人进去的，所以根本没有办法陪护，只能让人开车去，在车里等。因为越来越严重的疑惑，他的司机兼助手有了新任务，尽可能去收集 ICU 里的相关材料。翁强说这 67 天里，他只进去过 ICU 一次,但就这一次却让他发现了更让他疑惑的东西——一摞笔迹各不相同、但署名都是主治医生王某的医嘱单,他让司机偷偷拿出来一部分。

治疗还在继续,只是医院和家属各自忙碌的事情变得似乎越来越复杂。按翁强的说法,"到 7 月 24 日,我就已经有足够证据告于某了"。8 月 6 日,老人过世,被悲痛席卷的家属们在追悼会之后,于 8 月 12 日到医院结账。但这一天医院的计算机系统出了问题,不能结算,家属只查到费用总额是 139 万余元,从预付费用里扣除后账面余额还有 8000 余元。8 月 15 日,家属再次到医院结算,打出来的这张单据让他们瞠目结舌,在 8 月 12 日和 8 月 15 日两张电脑打印的对账单上面,同样的总额,同样的预付费用,用翁强的话说"两项一减,余额却变成了零"。

二、蹊跷的对账单引发了医患矛盾

8 月 23 日之前,翁强通过自己的方式,搜集到了两皮箱证据,包括医生和护士的书面证言,有疑点的病历、医嘱、医嘱执行单,以及 67 天里的部分费用明细对账单等等。但是这些东西,并没有能够解答他对于 500 多万元医疗费用的疑惑。他的这种疑惑和追问,也成为院方能够直接感受的压力。

8 月 23 日下午,在哈尔滨最豪华的新加坡酒店,翁强自己安排了一个"关于翁文辉在哈医大二院 ICU 抢救期间医护人员违法违纪事件院方联合调查组会议",邀请了北京共和律师事务所和黑龙江慧明律师事务所两家法律机构出席作为旁证。出席人员包括院方的多名领导、党委副书记兼纪检委书记杨某、党委副书记兼副院长王某、党委副书记兼副院长谭某、还有医务科、医风办、物价科、住院处、审计科等部门的负责人,以及主治医生王某。翁强在这个场合提出了他的诸多质疑,核心是钱的问题和自备药去向不明问题,并由翁文辉的主治医生王某提供了最主要的旁证。翁强最后提出要求,医院必须对负有谋财害命直接责任的当事人进行严肃处理并追究其法律责任,同时退还被贪污的费用和药品,赔偿给自己家庭人员带来的伤害和损失,还百姓以公平、公开、公正的蓝天白云。翁强要的是一个真相。

在翁强的那个皮箱里,资料被很好地分门别类,其中绝大部分是医院的对账单。按规定,ICU 病房有权限出具明细对账单的只有主任于某和护士长郭某。至于如何在于某的拒绝之下依旧拿到了这样多的单据,翁强的说法是"你看我像是一个拿不到对账单的人吗?"这些证据的确耐人寻味,同一天的账单,在交钱时候打出来的明细和 8 月 15 日最后结账时打出来的单是对不上的。同一天的医嘱、医嘱执行单、血库记录和账单也是对不上的。里面的错误甚至粗陋到"600 + 6900 + 1725"这样的简单加法,得出的却是 2 万以上的金额;同一种药品,在不同时间打出来的同一天的收据上,会出现不同的收费;同一天同一个化验项目却有 51 张化验单;老人 8 月 6 日凌晨去世的,可是 8 日还有胸水化验的报告单……这些漏洞百出的单据全都是电脑打印而来。

9 月 2 日,院方的调查组就得出了一个初查结论,并且以书面方式递交给翁强。这份调查结果,一方面承认了医嘱单、医嘱执行单和明细对账单之间存在诸多不符;另一方面推导出的结论,是医院非但没有多收钱,反而还漏收了。翁强显然并不满意这样的结论。

三、自费药的购买与去向问题

除了无法自圆其说的明细对账单上的 139 万余元外,近 400 万的自费药品是另外一个关注焦点。在这点上,院方和家属各自的说法明显分歧,院方部分人的态度是,购买这些药品是由患者自己请的专家组提出来的方案。于是专家会诊问题和自备药问题变得夹杂不清。

从 6 月 1 日入院到 8 月 6 日凌晨两点多老人过世期间,翁强陆续从外地请了 100 多名医护人员,保证病房里时刻有人看护。院方给出的明确数据是"100 多人次,28 人"。但翁强表示,这些人都是 ICU 自己提出来的要求,由翁强出钱去办,所有医护人员都出自于某安排,给翁强的只有一个简单的名单,翁强对其他信息一无所知。

对于这一点，由于于某的避而不答而无法验证，而在翁强出示的证据里，也只有病人的几份病历上有相关内容，在医院 6 月 1 日至 6 月 5 日这几天的记录里，王某医生的病情记录部分，虽然会提及一两句，但都很简单，大意是"于主任指示请北京专家会诊"。仅这几句记录，要认定专家会诊是 ICU 单方面的要求和行为，似乎缺乏足够的说服力。根据常规，请专家必须经过病人家属同意，而且有直接负责此事的医生签名。因为最终是由病人埋单，所以这种专家会诊必然是在跟患者家属有着明确良好沟通的情况下才可能进行。在管理规范的 ICU，这些都有据可查。不过这些材料，翁强并没有出示。

没有足够的证据显示，这 67 天里频繁的专家会诊，究竟 ICU 和患者家属，哪一方是更积极的参与者。事实上翁强也会做出一些"实事求是"的区分，比如他表示 5 月 31 日的专家是其自己带过去的，其原因在于后来其父因为没有主治医生，失去了照顾医生，只能自己从外地请医护人员过来。此外，其父做血滤的机器是由他自己购买的，做血滤的医生和护士也都是他自己从北京请来的。按照他的说法，目前他手中的这笔医疗费用里，其实并不包括聘请这些专家的费用，而翁强也毫不隐晦的承认，这些人的劳务费一点也不会比明星的出场费低。

6 月 1 日到 6 月 5 日的这部分病历本身也耐人寻味，从第二页开始，突然插入了一个另一种笔记的"专家会诊记录"，直到第 8 页。翁强对于这份蹊跷记录的解释是，他用荧光笔在上面标注出了一些段落和词语，还拿出了一份王雪原医生签名的证明材料，这份材料里，王医生陈述 6 月 1 日于某让不具备上岗资格的医生冒充他的签名医嘱用药，药品名叫珍怡，属于一种生长激素，翁文辉这种症状的患者是不能使用的，但是于某执意要用，并且指使别人通过伪造记录，将责任推到北京请的专家身上。在翁强标明的段落中，专家会诊给出的意见中有一条就是使用生长激素，不过并没有具体的药品名称。翁强的意思是，这是一次并不存在的专家会诊。涉及其中的朝阳医院院长王某并不愿意谈论任何相关话题，很官方地表示，所有问题他们会按照程序跟相关部门报告。

购买药品,按翁强的说法,同样是ICU的要求。其所有昂贵的药全是自己购买,当时,翁强家里的几个人几乎每天都在买药。这笔药物高达近400万元。仅一种叫APC的药物,花费就高达100万元。翁强认定有相当一部分的药去向不明。他甚至还能提供记忆细节,"8月4日我父亲有点出血,那天医生叫我买28万元的药,那天晚上又说必须买两支诺基,买回来之后又叫我再买两支,可这个药只用了一支就没有了"。在药品问题上,王雪原医生又成为关键证人,不过王医生的证明材料上,只列出了经他手进入ICU的17种药品,其余那些没有登记且去向不明的药品仍是悬案。

关于用药和治疗方案的问题,翁强也提出质疑:"什么人才有权力下达医嘱",按规定,北京的医生到哈尔滨是没有权力下医嘱的。

翁强描述中的心外ICU主任于某,甚至还提出了让患者家属负责全部ICU员工一日三餐的要求,理由是"节省时间来治疗"。

四、卫生部的调查和初步的结论

到了11月21日,事情出现了特殊的转变,关于《天价医疗费》的电视节目和它所引发的关注,让医院进入紧张状态。从11月22日至12月1日,哈医二院平均每两天召开一次院长办公会,其中的一项最主要的议题,就是翁文辉的医疗费用问题。同样是在这一天的新闻之后,一直在哈尔滨调查此案的卫生部调查组当即召集黑龙江省卫生厅两名厅长及该院主要负责人开了紧急会议。会议多次强调,调查组在医院的调查工作开展得不顺利,要求医院班子及相关科室要有动作,要有组织措施。

事实上卫生部调查组的介入还要更早一些,翁强提供的日期是11月14日。作为哈医二院的上级单位,哈尔滨医科大学的校长杨某证实了卫生部调查组的说法,并不愿意多谈关于医院调查的细节,只是说10天后就会出结果。根据卫生部新闻发言人毛某的说法,事实是卫生部领导责成有关部门抽调包括临床、药事、检验、护理、物价等方面的23名专家,组成联合调查组进驻哈医大二院,分纪检监察、医疗护理、财务物价三部分开展调查。

关于天价医疗费事件,卫生部调查组向哈医大二院通报检查的初步情况,指出 6 个问题:伪造病历,病历、收费单、化验单三者不符,过度治疗,值班医生无证上岗且替别人下医嘱,自购药品去向不明,护士值班乱等等。

在一份医院内部会议纪要上,医院在"最昂贵死亡案"的调查中存在六大问题:一是病历和医疗信息的涂改,尤其是病历的 2～8 页出现较严重的病历伪造现象;二是血库出血单与医嘱单不符,多出的血到哪里去了? 病历、收费单、化验单不符;三是过度治疗、过度开支;四是 ICU(危重病监护室)值班医生有两次无证上岗,且两人替别人下医嘱;五是自购药品事宜比患者家属反映的情况严重,药品去向不明;六是科主任管理混乱,会议纪要多次举了同一个例子,即患者病危时,值班医生给家属发短信叫其回来,心外 ICU 主任于某却让家属去买药品。

此外,医院存在的问题还包括:病历有 13 处修改,明显存在伪造痕迹,却互相推卸责任;病历中竟然出现 1180 次会诊,属于明显造假;病历出现化验过度、收费过度、重复收费,病房管理的问题;收费方面甚至出现了 10 万次分析等。

此外,该医院还存在将药品销售的多少与奖金进行挂钩的不合理做法,这不符合卫生部相关规定。卫生部的调查结果显示,调查情况比中央电视台《新闻调查》公布的情况还要严重,ICU 管理混乱,相关科室(主要是血库)与 ICU 伪造用药量,血库的取血量和取血单对不上,要查清是否配合造假。另外,还存在自购药的问题,信息中心的权限太大,信息中心是否造假也有待查清。检验科存在违规打包收费问题,串通造假的可能依然不能排除。

五、医院态度:ICU 病室主任已被停职

早在 2005 年 11 月 22 日,哈尔滨医科大学李副校长就认为,该医院主要问题出现在 ICU 病房,主要在 ICU 病室主任于某对翁文辉的治疗上。黑龙江省卫生厅要求对当事人于某进行停职检查,以配合调查。

关于翁文辉主治医师王某失踪的问题，早在 2005 年 11 月 22 日下午 2 时，该院召开全院中层干部大会，医院强调要"所有人对当事人王雪原不要歧视，要保护"，并将组织专人寻找王某。12 月 1 日，该医院 ICU 病室已经大门紧闭。

该医院在对待王某的问题上，态度还算不错，张院长曾嘱咐大家要继续寻找王某，要对他进行安抚，必要时要对他采取人身保护。在对待于某的问题上，医院高层的意见是：于某虽已停职，但是希望其他人不要对其歧视和采取任何措施。

六、医院开始采取补救措施

11 月 22 日上午 8 点半的院长办公会由院长张某主持，二院上级单位哈尔滨医科大学的副校长李某在会上表态，医院反映的情况可信度较差，但大部分科室配合良好，ICU 的其他病人基本没问题……主要问题出现在 ICU 病房，主要在于某……对于这些问题，但应尽快采取组织措施……

在之后的全院中层干部大会上，李某传达了调查组指出的"六大问题"，会上还传达了调查组的一些看法。调查组成员、卫生部医政司赵处长表示，医院出现的一些问题有些可以定性，有些还需要继续调查，院方提供的材料真伪难辨，医院自己的两次调查情况和提供给患者的情况不符，院里谁该承担责任？要尽快拿出整改措施。调查组成员、卫生部监察局局长王大方也显示出了他的担忧，认为调查组的调查情况比《新闻调查》公布的情况还要严重！同时，调查组认为心外 ICU 的其他病人没有出现类似状况。黑龙江省卫生厅厅长金连泓表态说，省厅将全力配合调查组工作，严肃查处违纪行为。金厅长还亲自宣布，二院心外 ICU 主任于某停职接受调查。该院院长张某随后承认，"工作没做好，给组织抹了黑"。

之后数天，院方开展了整风运动，成立了医疗质量整改小组，涉及的科室包括 ICU、医务科、护理部、血库、药学部、检验科、物价科、供应科和计算机室等。值得注意的是，正是由于医疗病案资料的意外泄露，使患者翁文辉的家属掌握了如山铁证。因此该院也在内部会议中一再强调，"要查找本事件中计算机室存在的问题，迅速和软件公司加强联系，调整人员配备，布置整改方案"，"重新严格定义临床科室各个层次的计算机使用权限、密码管理等事宜"。

12 月 1 日，哈医大副校长李某向二院领导班子传递了卫生部的反馈意见。据了解，调查组回京后已向卫生部领导汇报了调查情况，部领导对此高度重视，要求必须查个水落石出。卫生部有关官员听取二院的汇报后指出，医疗病案有多处改动是不争的事实，而且这种改动是有组织有计划的。这个案子不查清楚，不能结案。有关官员还要求，"二院不要试图掩盖，谁在组织、谁在这里面起着什么作用，必须弄清楚"。卫生部有关人士还指明，目前疑点主要有天价药品的购买渠道、贩卖药品问题、血库的问题、病历改动问题等。同时，二院领导也被告知，除于某外，其他人在问题调查清楚之前，不能随便进行处理。

对于翁家花费了 550 万元天价医疗费用一说，医院认为是不准确的，他们统一认定的医疗费用是 1388527.36 元。

医疗档案多处有组织、有计划改动的事实暴露，让医院陷入极其尴尬的境地。购买渠道、贩卖渠道、病程记录改动，这些问题已经让医院承受着巨大的压力。医院方面希望可以"亡羊补牢"。

事发后，二附院的王书记认为，ICU 财务的问题，特别是药品的种类、总数、价钱医院需要搞清，关于购药问题是专家建议还是家属同意的，需要搞清。此外他还指出，过度医疗，从长远来看是无任何利益和好处的。

对于血库的问题，医院安排了专人进行谈话。对于病历的问题，医院要求所有病历，都必须加上页码。医院也在随后坦诚指出，对于翁的病历中有错误的地方应当敢于承认，没有错的地方也应该拿出事实，请专家定性。

风波过后，哈尔滨医科大学的几名医生对某媒体倾述道，"看完央视调查后我哭了，我不希望社会上对我们二附院的认识是这样的，我承认我们有错的地方，有制度不完善的地方，有没有良心的医生，但是能否认我们全体医务人员吗？"

另一名医生则平静地说:"我绝对清楚患者家属在患者被抢救时的心理,那时候真是有多少钱花多少钱,不够,去借,去贷都行,反正是救人要紧,一般是不会想别的。要是想也是过后想的,而且,人家是没错的,'举证倒置'呀,你医院有本事就证明自己没错,证明不了就是错啊!"

"替哈尔滨医科大学感到惋惜,多年的盛誉被医大里的某些人给败坏了。希望医院的领导能尽快妥善处理此事。"哈尔滨医科大学一学生如是说。

编写人:中央民族大学 2005 级 MPA 研究生

共青团北京海淀区委会　李航

讨论问题:

1. 从以上案例分析公共医疗政策中存在的问题和补救措施。
2. 从公共管理的角度分析哈尔滨医科大附属二医院存在的问题。
3. 从案例中分析医患矛盾的核心问题和反映出的公共管理问题。

案例 5

透视"蒙牛速度"

引言:1999 年,蒙牛乳业有限责任公司的第一家工厂在林格尔县诞生,2006 年,由于创造了液态奶、冰淇淋、酸奶 3 项市场销量冠军,蒙牛成为中国乳业名副其实的"全能冠军"。液态奶销量从 2003 至 2006 连续四年拔得头筹,成为中国乳业第一个"四连冠"企业,创造了投资收益率 5000% 的诸多神话,2006 年蝉联中国乳业成长冠军,相继获得多家中外权威机构评出的"最受赞赏的中国公司"、"最佳企业公众形象"等称号,让世界瞩目。蒙牛的发展速度也引起国人的关注。

2005 年 8 月 2 日上午 10 时许,安徽省蒙牛乳业(马鞍山)有限公司北库(成品库)起火,3 名消防战士牺牲,火灾造成的直接经济损失约 300 万元。火灾的直接原因是照明电气线路短路所致,但它的深层原因也引起人们思考,火灾与蒙牛速度是否有关,蒙牛速度给地方经济的发展带来什么结果。

一、冷库失火:三名消防战士牺牲

2005 年 8 月 2 日上午 10 时 17 分,马鞍山市消防支队指挥中心接到报警,蒙牛乳业集团(马鞍山)有限公司冰淇淋厂北冷库(高 22 米、长 80 米、跨约40米的钢架结构库)发生火灾,火势异常凶猛。接警后,市消防支队先后调集5个中队、6个专职消防队共140余人参加火灾扑救。班长郑飞率领战士管志彦、叶晓辉随第一中队赶赴火场,奉命在北库6号门处设置水枪阵地,执行阻止火势蔓延的任务。上午10时30分,突然从库内跑出一个人(习某,男,蒙牛乳业公司物流处处长)大声喊道:"里面有人,赶快救人呀!"郑飞、管志彦、叶晓辉3名战士闻讯后,便佩戴空气呼吸器,奋不顾身深入浓烟弥漫的冷库中救人。在搜救火场被困公司员工过程中,因冷库钢结构房顶突然坍塌,3名年轻的战士英勇牺牲。这3名战士分别是:

郑飞,男,汉族,河南商丘人,1984年4月出生,1996年5月入团,农村户口,高中文化程度。2002年12月入伍,现任马鞍山支队一中队三班班长,武警一级士官警衔。

管志彦,男,汉族,浙江温州人,1984年10月出生,2000年12月入团,非农户口,中专文化程度。2003年12月入伍,现任马鞍山市消防支队一中队三班战斗员,武警上等兵警衔。

叶晓辉,男,汉族,福建南安人,1985年6月出生,2003年9月入团,非农户口,中专文化程度。2004年12月入伍,现任马鞍山消防支队一中队三班战斗员,武警列兵警衔。

经过7个多小时的艰苦奋战,终将大火完全扑灭。该火灾起火地点为蒙牛乳业(马鞍山)有限公司北库(成品库),随后火势蔓延至该公司南库(缓冲间)。事故发生后,安徽省消防总队立即组成专家组对火灾原因进行调查,现已查明火灾系冷库内照明电气线路短路所致,火灾造成的直接经济损失约300万元。

二、"蒙牛速度"引人注目

两年内建成亚洲最大的冰淇淋单跨生产车间,这就是蒙牛的发展速度。"蒙牛速度"是这几年最引人注目的经济名词之一。6年中,蒙牛销售收入从1999年的0.37亿元飙升至2003年的40.7亿元,后者是前者的110倍,年平均发展速度高达323%！在中国乳制品企业中的排名由第1116位上升为第2位,创造了在诞生之初1000余天里平均一天超越一个乳品企业的营销奇迹！"蒙牛速度",成为中国企业的一面旗帜。

蒙牛乳业(集团)股份有限公司在安徽省马鞍山市经济技术开发区投资2.5亿元建设的亚洲最大的冰淇淋生产线项目,该项目于2003年10月28日正式破土动工建设,项目总投资3亿元,2005年8月已完成2.5亿元的固定资产投资,建成6万多平方米的大型厂房和辅助设施,其中,主厂房建筑面积达2万平方米,并引进了具有国际一流先进水平的瑞典技术装备的26条不锈钢冰淇淋生产线,成为亚洲最大的冰淇淋单跨生产车间,现一期16条生产线全部试生产,日产冰淇淋700吨。再一次让马鞍山人见识了蒙牛速度。

三、蒙牛速度背后的隐患

蒙牛的快速发展固然有其先进的经营理念,然而,片面的追求速度让其在发展过程中并不能有效地遵守地方政府的管理,留下了一些隐患。在蒙牛的建造过程中,施工许可证都是在同时施工的过程中办理的,竭力营造良好投资环境的马鞍山市人民政府对蒙牛这样的外来落户的大型企业,在管理上自然是一路绿灯,工程的安全监督也是无从谈起。蒙牛快速建起的厂房让前去检查的公安消防同志大吃一惊,存在着严重的安全隐患,公安消防同志下了消防安全隐患通知书,责令其限期整改,而蒙牛冰淇淋厂的负责人竟置若罔闻,他们早已习惯了地方政府部门呵护似的服务。蒙牛也不仅仅是对安全忽略,对周围环境的保护他们似乎也全无概念,采石河是马鞍山市政府下大力气整治的重点工程,蒙牛冰淇淋厂在生产过程中的废水、废物不经处理或简单处理就排入该河,致使河水污染日益严重;蒙牛配套的养牛厂在离马鞍山约28公里处的丹阳镇山河村,打着"无公害、绿色有机产品"旗号,征用良田900亩,投资2.5个亿建立中国蒙牛现代牧场基地,养牛厂现有8300头奶牛,年产鲜奶58000吨,年销售收入可达1.3亿元人民币。

四、"蒙牛速度"给地方留下了什么

然而蒙牛所建的如此大规模的现代牧场,直到目前并没有建立牛粪处理等配套环保措施,以致每日产生粪便约200吨无法处理,任由粪便满地堆积,苍蝇、蚊虫遍地,臭气熏天,一到雨天,粪便污水横流,使下游的村民的生活、生存环境受到极大的挑战。

苍蝇多的时候,站在院子里的人们根本不能张嘴,一张嘴就得吃苍蝇;淘米的时候,水盆里一会工夫就落满苍蝇;做饭的时候,厨房灶台上黑压压都是苍蝇,刚把水倒进锅,一眨眼的功夫,锅里就漂着一层苍蝇。这就是南京市江宁区横溪镇横丹村的生活状态。

2005年9月,"蒙牛"在马鞍山当涂县丹阳镇建立了"现代牧场",总投资2.5亿元,有1000亩牧场,饲养了奶牛1万余头,每天产生的牛粪超过800吨。自2007年6月上旬开始,天气渐渐变热,漫天的苍蝇就成了横丹村和周边十几个村村民们挥之不去的阴影。村民家中用盘子里装敌敌畏灭蝇,三四个小时就要倒一次死苍蝇。加上喷雾用的,平均一户人家一天需要1斤敌敌畏和几十张苍蝇纸。由于村民在家里大剂量喷药,使得一些老人和小孩倍受侵害,村里因此发生过几起轻微中毒事件。而对于在外面读书的孩子,村民甚至要求他们暂时不要回家,因为回来了连吃饭喝水的安全都成问题。在温度高的时候,一伸手就能抓一大把的苍蝇,而马路也变成了"苍蝇路",地里飘着"苍蝇云"。

牛粪不仅给10多座村庄带来了苍蝇,还污染了水源。鲍家村有四五个小水塘,如今,黑色的水中泛着白色的泡沫,还有黄色的水藻。因为牛粪,河里面长的水花生全烂光了!一位妇女说,原来他们每天都是在这里洗菜、淘米、洗衣服,一边说笑一边干活,很开心,可现在,水面上有厚厚的一层牛粪,老远就能闻到一股恶臭。在涧北村的田头,铺着20车牛粪,引来了无数的苍蝇在此繁殖生长。而这些牛粪,都来自安徽马鞍山的"蒙牛现代牧场"。

比起横溪镇,安徽境内丹东村一带环境污染更加严重,当地村民受到的危害也更深。马鞍山市当涂县丹阳镇的毛村距离"蒙牛现代牧场"只有 1 公里左右的路程，也是遭受污染最严重的一个村。当地村民甚至无法继续维持正常生活，有时候牧场死了牛，拖到外面去卖，滴嗒着的牛血就会引来苍蝇的一路追赶。

尽管"蒙牛"已采取了一系列措施，但"蒙牛"马鞍山现代牧场倾倒牛粪带来的环境污染还是很严重。这不仅为"蒙牛"的高速发展敲响了警钟，也告诉我们，面对既要发展农牧业产业经济，又必须以保护环境为前提的高要求，企业和政府的举措必须得力。

地方政府对引进这样的企业后如何管理认识不足。有些管理层营造优秀的投资环境心切，解放思想过头，没有认识到严格的安全管理应当是构成良好的投资环境不可或缺的部分。由于实行了无原则的服务，在企业的盛名之下，轻视了安全管理，造成了火灾的悲剧。

3 名消防战士在火灾中牺牲，确实令人惋惜！事故发生之后，"蒙牛"应如何看待自己的发展速度和企业内部管理上的漏洞，地方政府应如何对投资环境进行有效管理，值得我们深思。

编写人：中央民族大学 2005 级 MPA 研究生

安徽马鞍山市民政局　宋静

讨论问题：

1. 是谁成就了"蒙牛速度"？

2. 地方政府如何有效治理投资环境？

3. 政府应该如何平衡企业发展与民众利益两者关系？

案例6

我的税该缴给谁

——一个酒店老板的困惑

引言:王长海,B县宏发煤炭经销有限公司法人代表、董事长、Z市人大代表,其于2006年3月6日与另外两人共同出资成立了B县宏发大酒店餐饮娱乐有限公司,并于2006年4月2日在B县地税局办理了税务登记手续。酒店开业后,生意红火,效益不错,王长海心里十分高兴,每月安排会计积极到B县地税局按时申报缴纳营业税,一切都很顺利。可进入2006年7月份,在酒店即将申报缴纳企业所得税时,烦心事便接踵而至:B县国税局认为,根据财税[2006]1号文件的规定,宏发大酒店的企业所得税应该属国税局管辖,而B县地税局认为,作为全部由自然人投资开办的企业,其所得税应归地税局管辖。一个税种引来两个"婆家",这个税到底该缴给谁呢?

一、一种税引来两个"婆家"

B县是中原H省Z市经济比较富裕的一个县,盛产煤炭,随着这几年煤炭销售形势的好转,该县的餐饮娱乐业生意越来越好,于是许多人便把投资眼光转向了宾馆饭店,王长海便是其中的一位。王长海于2006年3月6日与另外两人共同出资成立了 B 县宏发大酒店餐饮娱乐有限公司，并于 2006 年 4 月 2 日在 B 县地税局办理了税务登记手续。对于应该纳哪些税，公司会计吴霞经过咨询 B 县地税局，得到的答复是，宏发大酒店应该在 B 县地税局申报缴纳营业税、企业所得税、城建税、教育费附加、房产税、车船税、印花税等税种，其中营业税每月 10 号之前申报，所得税每季度 15 日之前申报。

酒店开业后，生意红火，效益不错，王长海心里十分高兴，每月安排会计积极到 B 县地税局按时申报缴纳营业税，一切都很顺利。可进入 2006 年 7 月份，在酒店即将申报缴纳企业所得税时，烦心事便接踵而至：

7 月 6 号，B 县国税局城区分局税收管理员张明和李涛，来到宏发大酒店找到财务人员吴霞，查看了相关工商登记手续后，告诉吴霞，根据财税[2006]1 号文件的规定，宏发大酒店的企业所得税应该属国税局管辖，除在地税机关办理税务登记外，还应在 B 县国税机关办理税务登记，因宏发大酒店开业超过 30 天未及时办理国税税务登记，要进行处罚，并把财税[2006]1 号文件的复印件交给了吴霞。随后，他们给宏发大酒店下达了《责令限期改正通知书》和《税务行政处罚事项告知书》，责令宏发大酒店 5 日内到国税机关办理税务登记，对宏发大酒店未按时办理税务登记的行为处以 2000 元罚款，同时限定其在 7 月 15 日之前申报缴纳企业所得税。

吴霞看了文件规定，并迅速给王长海进行了汇报，同时提出了自己的看法：该文件规定新办企业，从 2002 年 1 月 1 日起归属国税局管辖，而且对于什么是新办企业财税[2006]1 号文件作出了说明，即按照国家法律、法规以及有关规定在工商行政主管部门办理设立登记，权益性出资人或股东实际出资中非货币性资产累计出资额占新办企业注册资金比例不超过 25% 的企业是新办企业，其属于国税局管辖，并享受定期减税或免税优惠政策。王长海听了会计小吴的汇报，心里有点不踏实，就打电话给地税局 12366 纳税服务热线，但得到的解释是，作为全部由自然人投资开办的企业，其所得税应归地税局管辖，宏发大酒店必须按时到地税局申报缴纳，否则将按照有关税收管理规定进行处理。一个税种引来两个"婆家"，这个税到底该缴给谁呢？王长海犯了难,作为人大代表,他知道任何行政单位都必须按照国家法律规定的程序办事,一种税不能两家税务机关都来收,他安排吴霞抓紧时间询问清楚,再去办理申报。

可麻烦来了,2006 年 7 月 16 日、17 日,B 县国税局城区分局和地税局城郊税务所分别对宏发大酒店下达了《催缴税款通知书》,责令宏发大酒店在 5 日内申报缴纳企业所得税,否则,将采取必要的税收保全和强制执行措施……

面对两份内容一样但盖着不同单位公章的法律文书,王长海一筹莫展,十分生气,税到底该缴给谁呢？

二、两家执法机关的争吵

对同一份文件两家执法机关在理解上的歧义给宏发大酒店造成了尴尬和无奈。

王长海作为 Z 市人大代表,向 Z 市人大财经工委进行了汇报,希望人大能出面协调两家税务机关给出一个明确答复,不能因此影响企业的正常经营。

7 月 20 日,Z 市人大要求 B 县人大协调办理此事。当日,B 县人大财经委会同 B 县政府督查室,召集 B 县国税局、地税局召开了一次碰头会,就宏发大酒店企业所得税的管辖问题进行沟通协商。结果出人意料,两家税务机关各不相让,甚至进行了激烈的争吵,国税局坚持说文件规定的很明确,宏发酒店符合新办企业标准,其所得税属于国税局管辖,应在国税局进行企业所得税的申报。而地税局则认为宏发大酒店的投资者全部是自然人,根据国税发[2006]103 号文件第二条的规定"企业权益性投资者全部是自然人的,由企业所在地的地方税务局负责征收管理",宏发大酒店所得税理应属于地税局管辖。结果是不欢而散,问题暂时搁浅。B 县人大责令两家税务机关分别向上级主管机关请示,反馈结果更让王长海大失所望,经请示到 Z 市国税局和地税局后,答复的结果是"按文件规定执行",B 县两家税务机关于是均坚持自己的做法,后经过 B 县政府主抓财税的副县长协调,原则上同意宏发大酒店暂在地税局申报缴企业纳所得税。

三、5 年间,关于一个问题的 4 个文件

为理顺财政分配体制,国务院于 2001 年对完全属于地方税务机关负责征收管理的企业所得税进行了重新划分,规定从 2002 年 1 月 1 日起,规定新办企业所得税归国税局管辖,所得税收入按照一定的比例在中央和地方之间重新进行划分。可文件下发不到半年,各地的两家税务机关关于征管范围的分歧和意见便不断反映到国家税务总局和财政部,有的是"和风细雨"被折中处理,有的是"分歧较大,各不相让"。围绕这个问题,财政部、国家税务总局在 5 年间下发了 4 个文件,试图对不断出现的新情况、新问题进行界定,全面理顺管理关系,但直到现在,围绕管辖权而发生的争议还一直存在。

2002 年 1 月 26 日,国家税务总局下发了《国家税务总局关于所得税收入分享体制改革后税收征管范围的通知》(国税发[2002]8 号),通知规定,2001 年 12 月 31 日前国家税务局、地方税务局征收管理的企业所得税仍由原征管机关管理,从 2002 年 1 月 1 日起,在各级工商行政管理部门办理设立(开业)登记的企业,除 3 种情况外,一律由国家税务局负责管理。这 3 种情况是:(1)合并设立新企业,合并方解散,但合并各方均为地税局管辖的;(2)因分立而新设的企业,原企业属地税局管辖的;(3)原由地税局管辖的事业单位改制为企业的。文件同时对各地的两家税务机关提出要进一步加强工作联系,密切配合等纪律要求。

2003 年 6 月 25 日,国家税务总局又下发了《国家税务总局关于所得税收入分享体制改革后税收征管范围的补充通知》(国税发[2003]76 号),重点强调了 3 项工作内容。一是对 4 类企业的归谁管理的问题进行了界定,规定这 4 类企业仍由原管理税务机关管辖。这 4 类企业是:(1)原有企业整体转让出售(拍卖),原有企业仍继续存在并具备独立纳税人资格的;(2)企

业采用吸收合并方式合并其他企业(被合并企业注销)而存续的;(3)合并企业改组为有限责任公司或股份有限公司,且改组时没有吸收外来投资的;(4)按国家工商行政管理总局的规定变更登记的。二是对各地税务机关的配合又提出了新要求,"要进一步加强配合,加强联系,协调和沟通,并严格按照企业所得税减免税政策规定执行,保证税法的统一性和严肃性"。三是规定了"7月1日之前已由国家税务局或地方税务局实际征管的内资企业,征管范围与本通知不符的,也不再调整"。

2006年1月9日,为堵塞新办企业所得税优惠政策落实上存在的漏洞,财政部、国家税务总局对享受企业所得税定期减免税的新办企业标准进行了界定,同时把这个标准作为国、地税两家关于新办企业的具体征管范围的认定标准。这个标准的内容是:按照国家法律、法规以及有关规定在工商行政主管部门办理设立登记新注册成立的企业,且权益性出资人(股东或其他权益投资方)实际出资中的非货币资产累计出资额占注册资金的比例不得超过25%。同时再次做出了类似2003年的一条规定,"在此文发布之前国地税实际征管的企业,范围不再调整"。

半年之后的2006年7月13日,也就是B县两家税务机关发生争议的大致时间,又一份补充通知下发。《国家税务总局关于缴纳企业所得税的新办企业认定标准执行口径等问题的补充通知》(国税发(2006)103号)强调指出财税[2006]1号通知中关于新办企业的认定标准,适用于享受和不享受所得税优惠政策的所有内资企业。对不符合新办企业标准的新设立的企业由谁管辖的问题,做出了一条规定:"按企业注册资本中权益性投资者的投资比例来确定征管范围归属。即办理了设立登记但不符合新办企业标准的企业,其投资者中,凡属于国税局征管的企业投资比例高于地方税务局所辖企业投资比例的,归国税局管辖,反之归地税局管辖,比例相同的归地税局管辖。如果投资者全部是自然人的,由企业所在地的地方税务局管辖。"本案例中B县地税局认为宏发大酒店应归其管辖的依据,也就是这一句话。

四、议案回复：一份不能让人满意的"折中"

2007 年 4 月，Z 市召开了本市的第十一届人大四次会议，作为 Z 市的人大代表，王长海联合其他十位代表，以人大议案的形式对此问题进行了反映。要求 Z 市国税、地税部门就此问题做出答复和说明，宏发大酒店到底该归属谁来管辖。

Z 市国税局对此十分重视，派人到 B 县进行了解，查看了宏发大酒店的相关工商登记手续，召开了专门业务会议，回复的意见是：做为宏发大酒店虽然投资者全部是自然人，但其投资人的全部投入为货币性资产，符合财税［2006］1 号文件关于新办企业的认定标准，也符合［2006］第 103 号的规定，理应属于国税机关管理。地税局对人大的回复则认为根据［2006］第 103 号的规定，宏发大酒店的投资者全部为自然人，理应为地税管理。王长海对两份议案的回复都不满意，Z 市人大财经委于是在 7 月 1 日召开了专门会议，要求 Z 市两家税务机关必须对此问题给人大代表做出合理、合法的解释。两家税务机关具体承办议案回复的同志不能当场决定，经分别请示各自的领导后，仍坚持原有的意见，反复两次，议案回复的内容和第一次基本相同。2007 年 7 月 30 日，是 Z 市人大议案办理的最后期限，Z 市国地两家意见仍旧不能达成一致，不能联合答复，国税局单独给人大提案委回复了议案，基本内容是："经请示省局领导，B 县宏发大酒店的所得税应归属 B 县国税局征收管理，鉴于目前实际情况，已通知 B 县国税局暂不追究宏发大酒店的责任，暂时维持管理现状，待请示总局后，再做具体决定。"地税局随后回复的内容也基本相同。看到两份如此折中的回复，王长海虽不满意，也只得苦笑着在《人大议案回复办理情况征求意见书》上签署上了"基本满意"的意见。

五、局外调查：并非个案的普遍现象

笔者2007年8月份，对6省20个县级国税机关进行了电话调查，从调查的结果来看，关于新办企业所得税的管辖争议问题一直在各地的两家税务机关中存在，争议的问题多种多样，有关于新办分公司的，有关于企业变更改制的，也有和王长海一样的问题，处理结果也是各不尽同，在基层一线负责具体工作的广大税务干部对于这个问题也十分苦恼和困惑……

从2006年7月纳税争议发生，到2007年8月，历时一年有余，"我的税到底该缴给谁？"王长海还在等待最新的答复……

编写人：中央民族大学2006级MPA研究生
河南省郑州市管城区国税局　王伟光

讨论问题：

1. 你认为该饭店的企业所得税该缴给谁？
2. 两家税务机关该如何进行工作上的协调，以维护纳税人的合法权益？
3. 国家税务总局在这个问题的政策制定与解释上你认为存在哪些问题？针对出现的问题应该如何彻底解决？

附录一:

国务院关于印发所得税收入分享改革方案的通知

国发[2001]37 号发文单位 国务院 发文日期 2001 - 12 - 31 有效

为了促进社会主义市场经济的健康发展,进一步规范中央和地方政府之间的分配关系,建立合理的分配机制,防止重复建设,减缓地区间财力差距的扩大,支持西部大开发,逐步实现共同富裕,国务院决定从 2002 年 1 月 1 日起实施所得税收入分享改革。现将《所得税收入分享改革方案》印发给你们,请认真遵照执行。

所得税收入分享改革方案

国务院决定,改革现行按企业隶属关系划分所得税收入的办法,对企业所得税和个人所得税收入实行中央和地方按比例分享。改革方案的指导思想、基本原则和主要内容如下:

一、改革的必要性

随着社会主义市场经济的发展,现行按企业隶属关系划分中央和地方所得税收入的弊端日益显现。主要是制约了国有企业改革的逐步深化和现代企业制度的建立,客观上助长了重复建设和地区封锁,妨碍了市场公平竞争和全国统一市场的形成,不利于促进区域经济协调发展和实现共同富裕,也不利于加强税收征管和监控。

随着政府机构改革的全面推进,企业新财务制度的顺利实施和分税制财政体制的平稳运行,目前已经基本具备了进行所得税收入分享改革的必要条件。通过实施这项改革不仅有助于消除现行所得税收入划分办法不科学给国民经济发展带来的消极影响,而且有助于缩小地区间发展差距,促进社会稳定、民族团结,实现国家长治久安。

二、改革的指导思想和基本原则

改革的指导思想是:遵循邓小平同志关于沿海地我和内地发展"两个大局"的战略构想和江泽民同志"三个代表"的重要思想,根据社会主义市场经济发展的客观要求,并借鉴国际通行作法和经验,在保持分税制财政体制基本稳定的前提下,进一步规范中央与地方的财政分配关系,为企业改革发展和公平竞争创造良好环境,促进地区之间协调发展和经济结构合理调整,维护社会稳定,逐步实现共同富裕。

改革的基本原则是:第一,中央因改革所得税收入分享办法增加的收入全部用于对地方主要是中西部地区的一般性转移支付。第二,保证地方既得利益,不影响地方财政的平稳运行。第三,改革循序渐进,分享比例分年逐步到位。第四,所得税分享范围和比例全国统一,保持财政体制规范和便于税收征管。

三、改革的主要内容

除少数特殊行业或企业外,对其他企业所得税和个人所得税收入实行中央与地方按比例分享。中央保证各地区2001年地方实际的所得税收入基数,实施增量分成。

(一)分享范围。除铁路运输、国家邮政、中国工商银行、中国农业银行、中国银行、中国建设银行、国家开发银行、中国农业发展银行、中国进出口银行以及海洋石油天然气企业缴纳的所得税继续作为中央收入外,其他企业所得税和个人所得税收入由中央与地方按比例分享。

(二)分享比例。2002年所得税收入中央分享50%,地方分享50%;2003年所得税收入中央分享60%,地方分享40%;2003年以后年份的分享比例根据实际收入情况再行考虑。

(三)基数计算。以2001年为基期,按改革方案确定的分享范围和比例计算,地方分享的所得税收入,如果小于地方实际所得税收入,差额部分由中央作为基数返还地方;如果大于地方实际所得税收入,差额部分由地方作为基数上解中央。具体计算办法由财政部另行通知。

(四)跨地区经营、集中缴库的中央企业所得税等收入,按相关因素在有关地区之间进行分配。具体办法由财政部另行制定。

四、转移支付资金的分配与使用

中央财政因所得税分享改革增加的收入,按照公平、公正的原则,采用规范的方法进行分配,对地方主要是中西部地区实行转移支付。具体办法由财政部另行制定。

地方所得的转移支付资金由地方政府根据本地实际,统筹安排,合理使用。首先用于保障机关事业单位职工工资发放和机构正常运转等基本需要。

五、改革的配套措施

(一)关于所得税的征收管理。为了保证改革的顺利实施,防止所得税征管脱节,改革方案出台后,现行国家税务局、地方税务局征管企业所得税、个人所得税(包括储蓄存款利息所得个人所得税)的范围暂不作变动。自改革方案实施之日起新登记注册的企事业单位的所得税,由国家税务局征收管理,具体办法由国家税务总局另行制定。

(二)关于税收优惠政策的处理。中央统一制定的所得税优惠政策,原则上由中央和地方按分享比例分别承担,但改革方案实施前已出台的对中央企业先征后返政策清理后确需保留的,改革后仍由中央财政继续承担。各地不得自行出台所得税优惠政策,否则,一经发现,将如数扣回影响中央的财政收入,并按规定追究有关人员责任。

(三)关于违反税收征管规定的处理。凡属地方违反税收征管规定,人为抬高收入基数,或将应属中央的所得税收入混入地方国库等,一经查出,相应扣减中央对地方的基数返还。

改革方案实施后,如果某省(区、市)以后年度的所得税收入完成数达不到 2001 年数额,中央将相应扣减对该地方的基数返还或调增该地方的基数上解。

(四)各省、自治区、直辖市和计划单列市人民政府要相应调整和完善所属市、县的财政管理体制,打破按企业隶属关系分享所得税收入的作法。中央增加对地方一般性转移支付后,各有关地区要建立和完善规范的财政转移支付制度,管好用好转移支付资金,切实解决基层的财政困难。

六、改革方案的实施时间

本方案自 2002 年 1 月 1 日起执行。自执行之日起,征收机关征收的企业所得税和个人所得税,按改革方案规定的分享比例分别缴入中央国库和地方国库。

附录二:

国家税务总局关于所得税收入分享体制改革后税收征管范围的通知
国税发[2002]8 号

各省、自治区、直辖市和计划单列市国家税务局、地方税务局:

根据《国务院关于印发所得税收入分享改革方案的通知》(国发[2001]37 号)精神,现将所得税实行分享体制改革后,国家税务局、地方税务局的征收管理范围问题明确如下:

一、2001 年 12 月 31 日前国家税务局、地方税务局征收管理的企业所得税、个人所得税(包括储蓄存款利息所得个人所得税),以及按现行规定征收管理的外商投资企业和外国企业所得税,仍由原征管机关征收管理,不作变动。

二、自 2002 年 1 月 1 日起,按国家工商行政管理总局的有关规定,在各级工商行政管理部门办理设立(开业)登记的企业,其企业所得税由国家税务局负责征收管理。但下列办理设立(开业)登记的企业仍由地方税务局负责征收管理:

(一)两个以上企业合并设立一个新的企业,合并各方解散,但合并各方原均为地方税务局征收管理的;

(二)因分立而新设立的企业,但原企业由地方税务局负责征收管理的;

(三)原缴纳企业所得税的事业单位改制为企业办理设立登记,但原事业单位由地方税务局负责征收管理的。

在工商行政管理部门办理变更登记的企业,其企业所得税仍由原征收机关负责征收管理。

三、自 2002 年 1 月 1 日起,在其他行政管理部门新登记注册、领取许可证的事业单位、社会团体、律师事务所、医院、学校等缴纳企业所得税的其他组织,其企业所得税由国家税务局负责征收管理。

四、2001 年 12 月 31 日前已在工商行政管理部门和其他行政管理部门登记注册,但未进行税务登记的企事业单位及其他组织,在 2002 年 1 月 1 日后进行税务登记的,其企业所得税按原规定的征管范围,由国家税务局、地方税务局分别征收管理。

五、2001 年底前的债转股企业、中央企事业单位参股的股份制企业和联营企业,仍由原征管机关征收管理,不再调整。

六、不实行所得税分享的铁路运输(包括广铁集团)、国家邮政、中国工商银行、中国农业银行、中国银行、中国建设银行、国家开发银行、中国农业发展银行、中国进出口银行以及海洋石油天然气企业,由国家税务局负责征收管理。

七、除储蓄存款利息所得以外的个人所得税(包括个人独资、合伙企业的个人所得税),仍由地方税务局负责征收管理。

各级国家税务局、地方税务局应认真贯彻执行所得税分享体制改革的有关规定,加强国税局、地税局之间以及和工商等行政管理部门之间的工作联系,互通信息,密切配合,保证改革的顺利实施。

国家税务总局
二〇〇二年一月十六日

附录三:

财政部 国家税务总局
关于享受企业所得税优惠政策的新办企业认定标准的通知
财税[2006]1 号

各省、自治区、直辖市、计划单列市财政厅(局)、国家税务局、地方税务局,新疆生产建设兵团财务局,财政部驻各省、自治区、直辖市、计划单列市财政监察专员办事处：

随着社会经济的不断发展和企业改革的逐步深化，出现了享受企业所得税优惠政策的新办企业认定标准不够明确的问题。经研究，现对享受企业所得税定期减税或免税的新办企业的认定标准重新明确如下：

一、享受企业所得税定期减税或免税的新办企业标准

1.按照国家法律、法规以及有关规定在工商行政主管部门办理设立登记，新注册成立的企业。

2.新办企业的权益性出资人（股东或其他权益投资方）实际出资中固定资产、无形资产等非货币性资产的累计出资额占新办企业注册资金的比例一般不得超过25%。

其中，新办企业的注册资金为企业在工商行政主管部门登记的实收资本或股本。非货币性资产包括建筑物、机器、设备等固定资产，以及专利权、商标权、非专利技术等无形资产。新办企业的权益性投资人以非货币性资产进行出资的，经有资质的会计（审计、税务）事务所进行评估的，以评估后的价值作为出资金额；未经评估的，由纳税人提供同类资产或类似资产当日或最近月份的市场价格，由主管税务机关核定。

二、新办企业在享受企业所得税定期减税或免税优惠政策期间，从权益性投资人及其关联方累计购置的非货币性资产超过注册资金25%的，将不再享受相关企业所得税减免税政策优惠。

三、本通知自文发之日起执行。国家税务局、地方税务局关于新办企业的具体征管范围按本通知规定的新办企业标准认定。对文发之前，国家税务局或地方税务局实际征管的企业，其征管范围不作调整，已批准享受新办企业所得税优惠政策的新办企业，可按规定执行到期。

四、《国家税务总局关于企业所得税几个具体问题的通知》（国税发〔1994〕229号）中，有关"六、新办企业的概念"及其认定条件同时废止。

财政部 国家税务总局
二〇〇六年一月九日

附录四:

国家税务总局关于缴纳企业所得税的
新办企业认定标准执行口径等问题的补充通知
国税发〔2006〕103 号

各省、自治区、直辖市和计划单列市国家税务局、地方税务局:

《财政部 国家税务总局关于享受企业所得税优惠政策的新办企业认定标准的通知》(财税〔2006〕1 号,以下简称《通知》)下发后,各地反映在具体执行口径上需要进一步细化。经研究,现就有关问题通知如下:

一、《通知》中关于新办企业的认定标准,适用于享受和不享受所得税优惠政策的所有内资企业。

二、《通知》发布之日起,按照国家法律、法规及有关规定在工商行政主管部门办理设立登记的企业,不符合新办企业认定标准的,按照企业注册资本中权益性投资者的投资比例(包括货币投资和非货币投资,下同)确定征管范围归属。即:办理了设立登记但不符合新办企业标准的企业,其投资者中,凡原属于国家税务局征管的企业投资比例高于地方税务局征管的企业投资比例的,该企业的所得税由所在地国家税务局负责征收管理;反之,由企业所在地的地方税务局负责征收管理;国家税务局征管的企业和地方税务局征管的企业投资比例相等的,由企业所在地的地方税务局负责征收管理。企业权益性投资者全部是自然人的,由企业所在地的地方税务局负责征收管理。

三、现有企业新设立的不具有法人资格的分支机构,不论其货币投资占了多大比例,均不得作为新办企业,其所得税的征收管理机关视现有企业的主管税务机关确定。

(一)不具备独立核算条件的,由现有企业的主管税务机关负责征收管理。

(二)具备独立核算条件的,区别不同情况确定主管税务机关。其中,现有企业的主管税务机关是国家税务局的,由该分支机构所在地的国家税务局负责征收管理;现有企业的主管税务机关是地方税务局的,由该分支机构所在地的地方税务局负责征收管理。

四、办理设立登记的企业,在设立时以及享受新办企业所得税定期减税或免税优惠政策期间,从权益性投资者及其关联方购置、租借或无偿占用的非货币性资产占注册资本的比例累计超过25%的,不得享受新办企业的所得税优惠政策,其征收管理机关按本通知第二条的规定确定。

五、主管税务机关可以根据实质重于形式的原则,做如下处理:

(一)符合条件的新办企业利用转让定价等方法从关联企业转移来利润的,转移过来的利润不得享受新办企业所得税优惠政策。

(二)符合条件的新办企业,其业务和关键人员是从现有企业转移而来的,其全部所得不得享受新办企业所得税优惠政策。

六、《通知》及本文件所称非货币性资产,是指存货、固定资产、无形资产、不准备持有到期的债券投资和长期投资等。

七、《通知》发布之日前已成立的企业,按原规定可以享受企业所得税定期减税、免税的,可按原规定执行到期。

国家税务总局
二〇〇六年七月十三日

案例 7

一桩有争议的保险理赔案

引言:在保险理赔案件中,一般都是投保人状告保险人,而法院根据保护弱视群体的原则,在判决尺度上经常会向投保人倾斜。本案例是一起典型的保险理赔纠纷案件,而法院的判决也再次向有利于投保人方面倾斜。是依法判决还是考虑保护投保人的利益,本案在判决中已经作出了选择。

一、案件的始末

原告王某,男,汉族,33岁,现住S市D区兴胜镇当铺窑子村,个体户。
被告S市某保险公司。

原告王某诉称,2004年11月25日,原告及其哥哥与郑某签订了"购车协议",以63600元购买郑某所有的解放143大货车。"购车协议"签订后,郑某将该车的保险手续及其他相关手续交给原告,原告由于工作繁忙,未办理过户手续。2005年3月7日2时10分,原告所雇司机张某驾驶该车运货,同车乘坐原告哥哥王某,该车行使至北京市昌平区八达岭高速公路进京方向51公里200米处时,撞到前方同向行使的欧曼牌重型半挂牵引车(冀B-20190、冀R-5422挂)尾部,造成张某、原告哥哥王某死亡。被告S市某保财险公司到了现场,交警等部门收取了其他设施赔偿费、货物清理费、过磅劳务费、吊装费、托运费、清尸费共计 13430 元,当时原告及时通知了被告。此后原告要求被告支付保险理赔款,但被告以未过户为由下发了拒赔通知书。原告认为所购车既然上了保险,被告就应在保险事故发生后支付保险理赔款,其不赔偿的行为已违反了法律规定。现要求被告履行保险合同,赔偿原告第三者责任险款 13430 元,车上人员责任险款 40000 元,案件受理费由被告负担。

二、保险公司拒不赔付

被告 S 市某保险公司辩称,牌号为蒙 B - 16252 的解放 CA - 1110 货车于 2005 年 3 月 7 日 2 时许在北京市昌平区八达岭高速公路进京方向 51 公里 200 米处发生交通事故,该肇事车辆在被告处投保了保险金额为 6 万元和 10 万元的车上人员责任险、第三者责任险,保险期限自 2004 年 10 月 12 日至 2005 年 10 月 12 日止,被保险人为苗某。该车的实际车主为郑某,因郑某购车时没有本地户口,才借用苗来源的户口将其登记为车主,2004 年 11 月 25 日,郑某将车以 63600 元卖给了原告及死者王某,但未办理车辆过户及保险批改手续,车辆转卖有购车协议。根据《机动车辆第三者责任保险条款》的规定,在保险期限内,保险车辆转卖、转让、赠与他人,被保险人应书面通知保险人并办理批改手续,未办理批改手续的,保险人不承担赔偿责任,本案原告未办理批改手续,被告有权拒赔,请人民法院驳回原告的诉讼请求。

三、车主更换的详细情况

2003 年 8 月,郑某向 D 区沙尔沁镇黑麻板村马某购买了一辆解放牌大货车(蒙 B - 16252),办理车辆过户手续时,因需本地人的身份证,郑某即借用苗某的身份证,并将苗某登记为车主,但苗某从未参与过该汽车的经营。2004 年 10 月 12 日,郑某以苗某的名义向被告办理了第三者责任险和车上人员责任险并约定了不计免赔特约条款,保险期限为:2004 年 10 月 12 日至 2006 年 10 月 12 日。2004 年 11 月 25 日,郑某与原告签订购车协议,将该车卖给王某,并将该车及一切手续包括保险单一同交给原告,此后,原告及其哥哥王某一直没有办理车辆过户手续。

四、法院的判决结果

法院认为,郑某向他人购买该车时,因需本地人的身份证,郑某借用苗某的身份证,将苗某登记为车主,向被告投第三者责任险和车上人员责任险也均是以苗某的名义办理的,但是苗某从未参与过该车的经营。后郑某又将该车卖给原告和死者王某,未办理过户手续,该车在营运时发生交通事故,造成司机张某和王某死亡,交警等部门收取清尸费、停车费等共计13430 元,对于以上事实,原、被告均认可。由此法院认定,原告与死者王某购买车辆后,合伙经营该车,是该车实际车主,苗某虽以其名义办理了保险,但其从未参与经营,也不主张向被告索要两项保险赔款,随着车辆实际所有权的转移,保险收益人也变为实际车主原告与死者王某,因此,此保险赔偿款应由实际车主主张,现原告哥哥王某已死亡,因此,此保险赔偿款应由原告主张。该车是在保险期限内发生的交通事故,因此,被告应当赔偿。被告出具的保险单上虽有"保险车辆转卖、转让、赠送他人或变更用途、应书面通知保险人并办理变更手续"的字样,但属于一种格式合同,是被告强加于原告的一种对原告不利的条款,由于原告的本身素质程度没有及时办理过户手续和保险的批改手续,被告不能据此作为不理赔的理由。且第三者责任险实际上已作为一种强制保险,被告应当在保险责任范围内予以赔偿。本案中,车上人员责任险是基于第三者责任险的附加险,附加险条款未尽事宜,应以主险为准,被告也应予以赔偿。由于该两项保险系不计免赔的保险,因此,被告应负全部赔偿责任。原告提交的停车费、清尸费等收据数额共计13430 元,属第三者责任险的赔偿范围,因此,被告应以两人计算按照车上人员责任险每人足额赔偿20000 元,故根据《中华人民共和国道路交通

安全法》第七十六条,《中国人民财产保险股份有限公司机动车辆第三者责任保险条款》第四条、第三十七条之规定,判决如下:

一、被告按照第三者责任险赔偿原告货物清理费、过磅劳务费、吊装费、托运费、停车费、清尸费、其他设施赔偿费共计 13430 元。

二、被告按照车上人员责任险赔偿原告 40000 元。

案件受理费 2120 元(原告以预交)由被告负担。

被告若不履行还款义务,应加倍支付迟滞履行期间的债务利息。

本案的被告 S 市某保险公司不服本次判决,已向某市中级人民法院提起上诉。案情还没有最后的结果。

编写人:中央民族大学 2006 级 MPA 研究生

内蒙古包头市统计局 崔俊义

讨论问题:

1. 你认为保险公司拒不赔付理由成立吗?

2. 法院的判决是否偏向了冲突双方中所谓的弱势群体?

3. 在依法行政中如何处理法律与人性的关系?

附录:

相关法律条文
《中华人民共和国道路交通安全法》

第七十六条 机动车发生交通事故造成人身伤亡、财产损失的,由保险公司在机动车第三者责任强制保险责任限额范围内予以赔偿。超过责任限额的部分,按照下列方式承担赔偿责任:

（一）机动车之间发生交通事故的，由有过错的一方承担责任；双方都有过错的，按照各自过错的比例分担责任。

（二）机动车与非机动车驾驶人、行人之间发生交通事故的，由机动车一方承担责任；但是，有证据证明非机动车驾驶人、行人违反道路交通安全法律、法规，机动车驾驶人已经采取必要处置措施的，减轻机动车一方的责任。

交通事故的损失是由非机动车驾驶人、行人故意造成的，机动车一方不承担责任。

《中国人民财产保险股份有限公司机动车辆第三者责任保险条款》

第四条 被保险人或其允许的驾驶人员在使用保险车辆过程中发生意外事故，致使第三者遭受人身伤亡或财产直接损毁，依法应当由被保险人承担的经济赔偿责任，保险人负责赔偿。

第三十七条 在机动车辆第三者责任保险的基础上，投保人可投保附加险。

附加险条款与本保险条款相抵触的，以附加险条款为准，附加险条款未尽事宜，以本保险条款为准。

案例 8

免费公园能坚持多久

引言:近年来,全国许多城市都开始免费开放公园。广大市民在品尝"免费午餐"的同时,很多免费公园却在"饿肚子",饱受养护资金不足、环境保护压力大以及文物保护乏力之苦。一些公园的管理人员无奈地表示,免费公园,其实只是看起来很美,免费之后会有许多尴尬。新疆首府乌鲁木齐市的公园免费开放后就遇到了许多尴尬的问题,人们不禁担心,这免费公园能坚持多久?

一、公园免费后游客大增

乌鲁木齐市公园免票之后游客大增。143.8万人次,这是"五一"期间,首府4家开放公园迎接游客的总人数。按乌鲁木齐市230万人口来算,"五一"期间4天免费公园就接待了一大半市民。7天大假,红山公园首次举办以奥运为题材的系列卡通艺术展示活动、龙泉阁争奇斗艳的牡丹花展等吸引了大批游客,日均游人量为8万人次,7天游客总量为57.8万人次;人民公园日均游人量为5万人次,共接待游人40万人次(仅5月2日一天,该公园入园游客量约9万人次,但多数游客在公园内只作短暂停留);儿童公园日均游人量为3万人次,共接待游客21.7万人次;水上乐园日均游人量为

3.4 万人次,共接待游客 24 万人次。由此统计,4 家公园的总游园人数达到了 143.8 万人次,是过去 3 年"五一"期间 4 大公园游人量的总和。2004 年"五一",全乌市所有公园的总游客量为 50 万人次。2005 年"五一",首府各公园及风景区的总游客量达到 80 万人次。2006 年"五一",由于受阴雨天气影响,各大公园游人数量同期相比减半。

二、免费后的"垃圾大战"

当市民们为游园而感到兴奋与喜悦时,这 4 家公园却无一例外地迎来一场持续 7 天的"垃圾大战"。

马艳萍是位儿童公园卫生班的班长,"五一"大假期间,她和 20 多名同事每天早上 8 点钟上班,晚上 22 点多才能下班。马艳萍做过一个统计,平时儿童公园的垃圾是 5 天运送一车,重量大概是 6 吨,而"五一"大假期间,运送垃圾的大卡车平均每天就要运送两趟垃圾。马艳萍说,垃圾增多还不是最麻烦的,随地乱扔垃圾才让人伤透了脑筋,因为扫的总是赶不上扔的。她和同事经常是刚刚扫完一块路面,还没直起腰来,回头时又有垃圾扔在地上。

水上乐园副书记李燕手里也有一组这样的数据,公园每天投入 50 多名工作人员,每天工作的时间已到晚上 11 点多,这些都是为了能及时清理垃圾。

红山公园是"五一"大假期间接待游客量最大的一家公园,7 天时间接待了 57.8 万人次,达到公园免费开放前全年的游客总量。往年"五一"大假期间,公园投入的保洁员只需要 18 名左右,而今年增加了 40 多名。"所有的保洁员 7 天连轴转,即便这样还是赶不上垃圾增长的速度。"一位工作人员说。

人民公园是最早免费开放的公园,事先已就各方面可能出现的情况做了充分的准备,不但将以前的 19 名保洁员增加到 38 名,院内还设置了 200 多个垃圾箱。可是"五一"期间增加的垃圾量还是让他们始料不及,工作人员清理的垃圾比往年同期增加了两倍。

虽然公园做好了各种准备,但进园游客的素质参差不齐,不少游客乱扔垃圾甚至随地大小便,让公园保洁人员的工作比往日增加了好几倍。

人民公园的保洁员们常常看见一些小孩要把垃圾向不远处的垃圾桶里扔,可身边的家长却担心孩子跑得太远,让孩子直接把垃圾扔到草坪上。不少游客在草坪上休息时,将吃完了果皮和用过的塑料袋等垃圾随手就扔在旁边,虽然工作人员一边清理一边劝阻,但一些游客听完后转移到其他草坪上继续扔。

三、免费后园中处处排长队

公园的各种游乐设施前都排着长队。树荫下、草坪上人全都满满的。

宋女士和丈夫带着女儿在水上乐园玩耍,花了近半个小时好不容易找到了一个座位坐好,宝宝却不知疲惫地跑了,宋女士赶紧跑去抱女儿,就几秒钟工夫,座位就被别人占了。

各大公园的公共厕所前也排起了长队,高峰期,厕所门口常常会排起五六十人的长龙。

这也说明,"免费"之后,各家公园的软、硬件仍没有做好充足的准备。

四、市政府:再大困难都要克服

5月1日中午,乌市市委书记粟智和市委副书记、市长等领导专门到红山公园,调研公园免费开放后游人数量、公园服务质量、安全保卫等工作,并与市民一起游园。看到市民纷纷涌入公园休闲的热闹场面,市委书记粟智表示,免票公园,让许多老百姓得到了实惠,市民们高高兴兴游园,就是对政府推行免费游园政策的最大赞许,有再大困难政府都应当克服。其他市领导也表示政府会不断支持各公园的建设和发展,使之适应新的形势和新的要求,真正做到为市民服务。

五、游园免票：各方反应不同

政府取消公园门票,使市民从中得到了实惠。市民们希望更多公园都能免票,家住红山公园附近的王先生一直想早上到公园锻炼,没有免票之前,办晨练月票需要 20～30 元,还有年龄、进园时间等限制,很不方便。而取消门票使市民得到许多的方便,公园免票是把休闲场所真正还给市民,说明政府越来越务实,越来越亲民了。

游人增加近半游乐场生意转好。乌市的一家公园免收门票后,游人增多,园内的项目都火了,仅嬉水大世界一项,5 月 2 日一天就收入 1 万元,是去年"五一"收入的 4 到 5 倍。

游人素质影响公园环境,草地深处常有"地雷"出没,公园清洁工作比以前多了很多,而且在清扫时经常在草窠里发现粪便,简直防不胜防。在公园里曾有这样的现象:一位年轻的女士把孩子带到草地中央的树下大便,周围就是来来往往的游人,而离此处 200 余米就有厕所。垃圾满园草地"斑秃",园内野菜也吸引了大批的游人前来采摘。

许多公园内保安自免票公园内游人明显增加后,从早上 8 点工作到晚上 10 点,还得时刻保持高度警惕。

六、公园免费后,文物保护怎么办

这是太原市公园免费后遇到的问题。太原市是全国免费开放公园程度较高的城市之一。2002 年 4 月,太原市做出还绿于民的决定,以迎泽公园为试点,开始探索公园免费开放的道路。此后,儿童公园、龙潭公园等太原市的主要公园都实行了免费开放。

太原市儿童公园内有孙中山纪念馆、彭真纪念馆、万字楼等多处省级文物保护单位,从 2003 年 5 月开始免费开放。因为处在太原市最繁华的商业区,儿童公园的管理开始面临巨大压力。儿童公园主任王洪说,免费开放后,游人数量猛增,最让他担心的是公园里的文物保护问题。由于人为原因,很多石刻都被破坏了,公园不得不在石刻外面装上了玻璃。

政府这几年对公园内文物设施维修的投入也很多,日常的维护费用也比免费开放前增长了,但因为幅度太小,没法满足实际的需要。目前公园对文物就是进行简单的维护,栏杆坏了,自己拿铁棍焊上,椅子腿断了,拿棍子绑上,没有足够的资金维修。

除了文物保护外,日常的管理也是一大问题。太原市最早实行免费的是迎泽公园,迎泽公园的免费开放确实给百姓带来了方面,但也给公园管理带来了前所未有的挑战。

一是增大了养护管理压力。免费开放后,公园游客云集,据估算,客流量平均每天达到 3 万 ~ 4 万人次,双休日达到 4 万 ~ 5 万人次,节假日能达到 10 万人次以上。公园原有的清静、自然的环境遭到一定破坏,养护作业的任务很繁重。

二是加大了安全隐患。因为免费小商小贩、乞讨者、夜不归宿的无业游民乘虚而入,给治安、消防等带来了很多安全隐患。虽然取消了收费,但把守公园几处大门的门岗并没有减少,原来是 10 个人收门票,现在是 10 个人阻止机动车入园,阻止小商小贩、比武卖艺等人员入内。

三是举办大型展览活动受到制约。免费开放以前,公园每逢重大节假日都要举办一些文化游园活动。免费开放后,门票收入取消了,园中园又不提倡搞,各种大型展览很难开展。长期下去,免费公园的游园内容单调贫乏,公园文化潜力的挖掘受到制约。公园不愿主动去组织大型活动,因为既吸引不到投资者,产生不了经济效益,出了事还得承担责任,公园根本没有积极性。

七、免费公园不等于市场化经营

为了自筹"生活费",很多原本是公共事业单位的公园不得不改姓"私"。例如,北京双秀公园和东单公园,从 2005 年起就划归北京市城建集团管理,性质也从事业单位转变为企业。目前,它们是北京仅有的两家自负盈亏的公园。

为了能让公园生存下去,北京市双秀公园管理处在没有经过任何政府部门审批的情况下,将公园一处叫"翠石园"的日式园林以每年 12 万元的价格,出租给北京市光辉伟业房地产开发有限公司建设样板别墅,租期六年,这栋违规建设的别墅严重破坏了原有的园林景观。

此事经媒体报道后,引起了社会各界对公园管理方的一致"讨伐",但公园的管理方在拆除别墅的同时,也表示了满腹委屈,因为公园每年只有110 万的门票收入,而支付设施养护和人员工资就需要 300 多万元。政府既要求有这么一块空间,提供给社会、提供给游人,又不给相应费用,负责人表示要把公园管好只能这么办。

其实面临同样困境的,并不仅仅是双秀公园一家。据了解,随着国内一些公园改制变为企业、实行市场化管理后,类似的矛盾也越来越突出。

公园生存困难带来的另一个问题是,越来越多的免费公园成了"游乐场",热衷于兴建各种游乐项目。对此,很多公园的负责人也很无奈,太原市儿童公园办公室主任杨晋钢表示,市民来公园是为了休闲娱乐、放松心情的,不应该有过多的商业项目,但很多公园现在自身难保,只能靠游乐项目养活自己。

中国社会科学院社会政策研究中心秘书长唐钧表示,公园是一个公共设施,是让老百姓来休闲、来游玩的,它是不能够简单地市场化的,如果我们要求它一定要自负盈亏的话,那一定要有一个很好的项目使它能够自负盈亏,要是没有这样一个项目,那么还是需要政府给他一定的资金支持,没有这样资金支持的话,它在经济效益和社会效益上是很难兼顾的。

公园免费已是大势所趋,虽然免费初期对公园会有一定的负面影响,但从长远来看,受益的是全体市民,这对建设和谐社会也是必要的。

不过目前大多数免费公园都面临着两大难题:一是财力不足;二是公园监察人员没有执法权。对于游人的不文明行为,监察人员只能劝说,不能处罚,必然要增加管理成本。

此外,不少人士还认为公园免费需要进行体制改革。免费开放后,公园的收入没有了,维护费用增加了,但政府的投入却没有相应增加。公园免费开放应该分类别分阶段,不能一刀切,小型的街头公园可以免费开放,而有文物古迹的公园养护任务重,如果政府财力充足,可以免费开放,否则就不宜免费开放。

编写人:中央民族大学 2005 级 MPA 研究生

新疆兵团发展改革委员会　喻斌

讨论问题:

1.公园免费开放的条件是什么?
2.免费公园是否应坚持,怎样坚持?

附录:

外国公园免费情况

美国:"六十美元能游遍全美国家公园",美国国家公园收费低廉,城市的公园一般都是免费的。但环球影城这样企业投资的商业性主题公园门票价格很高,而一些私人公园并不以盈利为目的,门票较低。

英国:一流的文化景点是免费的,包括很多公园和国家博物馆,如:海德公园、大英博物馆,国家画廊和国家肖像画廊等;但名人故居或王室景点的收费很高,如:白金汉宫、温莎城堡;历史、自然类景点门票价格在 7 至 9 英镑左右。

法国:所有公园一年四季都免费,公众可在开放时间自由进出,但法国最负盛名的几大博物馆如卢浮宫等,一般不免费。

芬兰:门票收费但有免费活动,很多博物馆对 18 岁以下的未成年人和儿童免费,或在每周二下午 5 时 30 分至晚上 8 时对公众免费开放。门票的价格很低,国家对博物馆长期提供经费资助。

埃及:各景点基本都收费,但本国人参观各景点和公园时所需门票价格通常仅为外国人的 1/10 甚至是 1/20。

参考资料:

1.《免费公园成为黄金周最大"赢家"》,《乌鲁木齐晚报》2007 年 5 月 9 日。

2.《增加人手七天连轴转　四大免费公园大战垃圾》,《新疆都市消费晨报》
　 2007 年 5 月 9 日。

案例 9

跑马场圈地风波

一、千亩土地被跑马场圈占

北京市顺义区木林镇政府唐指山村在顺义区东北,是木林镇的一个行政村,全村 1000 多口人,3000 多亩耕地。2006 年 9 月,村民们发现他们村东的土地上有工程队施工。村民看到工程队先是垒围墙,把地给圈了起来,然后来了很多铲车、大十轮,开始推土挖坑,打地基建楼,被圈建的土地大概有 1500 多亩,其中大部分都是村里的耕地,以前是用来种棒子和小麦的。

眼见这大面积的耕地被占,村民们开始纷纷议论,这么多的地,这么大的事,总得让我们老百姓心里有个数吧。一些村民到村委会了解情况。村书记说,这地是镇政府为招商引资给承包出去了,要建跑马场,这样能给村民带来很多好处。但是至于具体承包条件,村委会拒绝出示承包合同。因此部分村民到镇政府投诉,最后迫于压力镇政府让村民看到了合同,但合同的内容却令村民很气愤。

二、镇政府出面出租土地

唐指山村的地,实际上是被木林镇政府出租给了北京盛华德投资公司(以下简称为盛华德公司)。

双方于 2005 年 9 月签订的"场地承包协议"。协议规定,包括唐指山村在内,木林镇政府将其所属的 2000 多亩土地承包给盛华德公司,后者投资开发建设北京莱茵河石温马术俱乐部、赛马繁育中心及旅游度假酒店等不动产配套设施。土地承包期限从签约日起共 50 年,前 5 年无偿使用,以后根据开发者所交税金情况,酌情交纳 200 元/亩/年的承包金给镇政府,或者不交。

村民们认为:自己村的地,没经过村民的同意,镇政府便给租出去,而且前 5 年连租金也没有,镇政府的做法损害了集体的利益。

木林镇党委书记解某解释称,往外租地是得到了唐指山村委会的同意的,双方为此还签了木林镇唐指山村委会、木林镇政府"土地租赁合同书"。合同约定:唐指山村委会把土地出租给木林镇政府建跑马娱乐场,后者承诺从 2006 年 1 月开始,前 10 年每年交给村里 150 元/亩的租金,此后租金每 5 年增 50 或 100 元。

三、各方说法不同

村民指出"场地承包协议"与"土地租赁合同书"有很多冲突的地方。比如时间上,"合同书"签于 2006 年 1 月 1 日,而"协议"则早在 2005 年 9 月;与此相对应,两文书的生效日期也相差半年。再如租金问题,"协议"规定前 5 年是零租金,而"合同书"则规定给村民每年 150 元。

而村民认为不一致的情况是因为镇里跟村民们的合同是后来补签的,大部分村民不断去找镇里,镇里为了应付村民后来补签了合同。

木林镇党委书记解某就此解释说,唐指山村的这个跑马场是顺义区的重点开发项目,也是木林镇政府近年来搞招商引资的大手笔。其最终目的还是为了发展经济,让当地村民脱贫致富。

解书记认为,在村集体土地上搞开发风险较大,投资者普遍存在顾虑,木林镇政府最终决定亲自出面来与盛华德公司签合同,就是为了能把这个项目做起来。项目中涉及唐指山村的土地,早在签约之前已经取得了该村村委会的认可。

至于前5年租金问题,木林镇政府为招商引资优惠投资者前5年不收投资者租金,而为了唐指山村利益考虑,镇政府决定从税收中拿出钱来补偿村民,所以两份合同有所出入。

四、跑马场工程已被停止

村民们称,木林镇政府与唐指山村委会的上述交易村民不知情。而解书记则表示,关于土地的出租使用问题,唐指山村委会已经通过了法定的民主程序。但这一说法未得到唐指山村委会的证实。

一些村民认为跑马场的建设,毁了他们村一半的地,他们的儿孙以后便没有土地可以指望,这样的工程他们无法接受,并曾为之四处投诉,但始终没得到满意答复。

2007年1月7日,村民们把跑马场工程给"叫停"了,至今未能复工。村民也陆续退还了在村委会领取的土地收益金,每人200元。村民们都不愿拿这钱,因为他们认为如果拿了这钱,就等于承认了他们的合同。

木林镇党委书记解长春表示,村民的做法并非明智之举。同时他也承认,这上千亩的跑马工程圈地审批手续不全,目前采取的是边批边建的办法。

编写人:中央民族大学2005级MPA研究生

北京市密云区科委 关雁

讨论问题:

1. 村委会将村集体一半的土地对外承包经营的程序是否合法?
2. 跑马工程两合同规定的承包期限是50年,这份合同是有效协议吗?

3. 镇政府作为民事主体对外签署有关村集体经济组织的民事权利义务的协议有效吗?

4. 关于镇政府与村民自治组织"村委会"之间的关系应如何处理?

参考资料:

邢学波:《跑马圈耕地千亩被指违规》,《京华时报》2007 年 2 月 24 日。

案例 10

Y 市"公务员小区"风波

引言：为了实现"居者有其屋"，S 省 Y 市政府加大了经济适用房的开发。据《Y 市辖区 2007 年供地计划供地收入计划》，今年计划将供应经济适用房用地 171 亩，主要集中在天柏组团和旧州组团。与其他城市不同，Y 市的经济适用房大量是面向公务员出售的。现在 Y 市的皖宜小区，还有翠柏线上的巨能小区的一部分都是面向公务员分配的，而在天柏片区还要为教师和医生修建经济适用房。并且，从《Y 城市住房建设规划》里可知，2007 年到 2009 年的计划经济适用房都超过了 25 万平方米，因最终这些经济适用房很大一部分将以指标的方式分配给了指定范围内的公务员，因此这些经济适用房被群众称之为"公务员小区"。它的平价为 1050 元/㎡，比市价 2000 元/㎡低了近一半的价格。这种"公务员小区"被开发商认为破坏了 Y 市房产的生态环境，是 Y 市房价的"搅局者"。而老百姓也对政府这种做法不满。

一、Y 市房价涨幅不大

在全国各大城市房价飙升的大背景下，Y 市作为一个二三线城市，房价的涨幅并不大。2006 年与 2007 年 Y 市的房价走势：2006 年 Y 主城区电梯公寓每平方米均价在 2300 元,多层每平方米在 2000 元左右;南岸的电梯公寓每平方米 2000 元左右,多层每平方米才接近 2000 元。相比去年,2007 年房价实际涨幅并不高。"总体上说,Y 市现在的房价是稳中有升,涨幅不是很大,均价也就在 2000 元多一点而已。"2007 年 4 月底,Y 市的老百姓对房价还是观望态度,认为房价上涨的空间在 Y 市不大。一位出租司机对 Y 市房价侃侃而谈,他每天从交通广播频道都能获取不少关于房市的信息,他不仅自己对 Y 市楼市持观望态度,还建议应该过两年再选择买房,"那个南岸的梦想和居的一期和二期开盘后的价格就没什么变化,而且,我听中央广播电台说广州房价都降了 700 元了。Y 市房价下跌还会远吗?"某房产业界人士感觉现在 Y 市的房市有些略显疲态,他认为,当初鲁能集团拿下了南岸西区 6 平方公里之多的土地;本土开发商又与成都置信合作打造莱茵河畔,这两家开发商已将 Y 市的房价拉高了 500 元,但现在两个大盘对 Y 市房价的拉动力已经大大减小。

业界人士分析:"房价不再'节节高'有很多综合因素,从市场来看,一方面是房子的放量增大;另一方面,Y 市人在日益高涨的房价压力面前,很少不顾自身经济能力来提前买房,而且,老城区的 Y 市人大多不舍得搬家,再加上 Y 市房地产市场炒房人数较少,多数是购房来进行中长线投资或赚取租金。"

二、经济适用房是否能平抑房价

据《Y 市辖区 2007 年供地计划供地收入计划》,今年计划将供应经济适用房用地 171 亩,其中 1000 多套住宅是分配给公务员的。如此大量的、连续供应的经济适用房计划,对 Y 市各大开发商实在算不上什么好消息,一些开发商都呼吁政府不要过多地干涉商品房的价格。"应该把住房统一交给市场,减少政府干预。"Y 市的一位开发商就表明自己对经济适用房的态度,他认为修建经济适用房就应该让最需要住房保障的低收入者去住,而不是"撬走"一部分本来可以承担中档商品房,却因房价更低廉而转为购买经济适用房或二手经济适用房的消费者,"只要个人收入信用体系还没有真正建立起来,对申请购买经济适用房进行资格审查就会非常困难,我们商品房的销售始终会受到很大影响"。

《联合国住宅人权宣言》称:"有环境良好适合于人的住处是所有居民的基本人权。"显然,住房问题是具有明显政治色彩,政府的宏观调控也是必然。有人认为,北京房地产市场价格比上海晚起飞两年,一个很重要的原因,就是"天通苑"、"回龙观"等大型经济适用房小区起了作用。也有专家认为,从理论上讲,不管经济适用房的量大还是量小对商品房都不会产生影响。因为购房者买不起商品房才买经济适用房,所以经济适用房跟商品房的价格没有关系,而商品房的价格跟供应有关系,如果土地供应多了,开发商就可以考虑在开发高端房的同时也开发中端房,如果只有一小块土地,当然是搞高档的住宅。但是,政府如果把经济适用房当成商品房来供应,就会对房价产生影响。

三、经济适用房是否应卖给公务员

吉祥小区住房增加的购房单位有:中央、省属驻 Y 市的机关单位(包括工商局、国税局、地税局、质监局、药监局等 11 个单位),市公安局及翠屏区公安分局,市城管行政执法局翠屏区分局。

政府将经济适用房分给公务员的理由是什么?据有关人士反映:Y 市级机关新任公务员,每个月到手的工资绝对不超过 800 元,即便是算上其他福利、补贴,一年的总收入也不过 15000。所以,他们表面上是国家工作人员,身份光鲜,其实穷的很。况且,公务员小区距离铁路只有不到 10 米,房子虽然便宜,可环境又偏又吵!这种便宜一点但环境较差的房子算是对公务员的一种补偿。

开发商认为:公务员小区冲击 Y 市房价。

"政府一推出公务员小区就强烈影响市场,在公务员小区 2 月份分房的时候,我们楼盘连百分之几的房子都没有卖掉。"南岸西区"吉祥名都"旁某开发公司的副总经理提起公务员小区就有些窝火，"公务员小区不只是几套、几十套，一下子就推出1000多套住宅，有些扰乱Y市商品住宅房的市场份额。"

群众的反映：公务员小区是滥用纳税人的钱为属下雇员发红包。

如果说企业领导给下属发红包用的是自己的钱(企业利润)，那么Y市委市政府为自己的雇员发红包用的就是全体市民的钱(纳税人或者用公众资财换来的本质属于公众所有的钱)。"公务员小区"是政府出面建立的由政府给以巨额补贴的商品房，作为市民有理由质疑：滥用纳税人的钱为属下雇员谋利益，Y市政府有没有这个权力？是否涉嫌监守自盗？

市场经济下人人都在遵循市场规则，什么理由使公务员可以高人一等？如果只要平头百姓服从市场规则，而当权者可以搞特殊，能行得通么？政府是社会和谐的倡导者和引路人，当它自身忤逆公平，社会还怎么能够和谐？

部分事业单位人员反映：

如果是奖励特殊贡献人员或是补贴特殊家庭，相信没有谁会持有异议，奖励应该有个理由，但公务员拿红包有什么理由呢？想想那些几代同堂的蜗居贫困家庭，在近半人买不起房无数人沦为房奴的社会、在明显背离国策和市场规则的前提下，人民政府把商品房作为礼物赏给基本不存在居住压力的群体，这是何等的丑恶！为什么建的不是"教师、记者、劳模小区"，而是地位高收入好的公务员"小区"？即便政府硬要奖励一批人，从哪个角度第一个轮到公务员？论辛苦不如工农，论心智付出不如文字工作者，论贡献不如创业者企业家……逢假必休逢节必"礼"经常涨工资从无加班永不担忧饭碗工作轻松福利无数，再由政府为这些优势毕现的人发放高额补贴，这究竟是奖勤罚懒还是加剧社会不公？

公平，是社会和谐的首要规则，而"公务员小区"是否违反了公平原则？

編写人：中央民族大学2005级MPA研究生

四川省宜宾市屏山县工商局　叶晓锋

讨论问题：

1. 你认为 Y 市公务员小区建设中存在的问题是什么？
2. 政府在"公务员小区"事件中的公共政策有哪些方面的缺失？

案例 11

谁是沱江污染的真正祸首

引言: 沱江是长江上游最大的支流之一, 流经成都、资阳、简阳、内江、自贡、泸州等四川工业最发达的地区。简阳市位于四川盆地西部龙泉山脉东麓, 沱江中游地段。2007 年 2 月 26 日, 很多市民发现, 水龙头流出的水呈褐黑色, 刺鼻的味道也越来越浓, 氨氮超标 100 多倍, 沱江水不能喝了。从 3 月 3 日到 3 月 16 日简阳市停水 13 天。这次沱江的污染对简阳市来说, 无疑是一场史无前例的灾难, 简阳市 12 个乡镇、115 个村、721 个村民小组、84887 户、171828 人受灾, 受灾面积达到 243557 亩, 直接经济损失高达 7633.06 万元, 占到简阳市全年财政收入的一半。是谁造成了沱江的污染? 谁是沱江污染的真正祸首?

一、江水污染损失惨重

江水污染给沿岸带来了巨大的损失。氨氮超标几十、上百倍的污水, 顺着沱江向下游倾泻, 沿岸的农民和渔民遭遇的是另一种灾难。最早是在 2007 年 2 月 26 日的早上, 当简阳城里的居民开始发现家里的自来水出现异味的时候, 简阳城外的沱江江面也开始浮起一条条死鱼, 养鱼的农民在随后的几天里眼睁睁看着一场灾难发生。这次污染受灾最重的, 是在沱江里养鱼的人。平泉镇新桥乡长春村养鱼户池济明、罗文利夫妇,他们家近 2 万斤鱼全部被毒死。一年的养殖,十多万元就这样一下子就泡汤了。江里成片的漂浮着死鱼,原本指日可待的财富,瞬间变成了泡影,这笔账,由谁来承担呢?

沱江污染给百姓带来了巨大的灾难,也给沿岸的经济造成很大损失。这边是群众拉着网箱里的鱼在沱江与污染赛跑,而另一边简阳市政府还不得不花钱,轰轰烈烈地开展打捞死鱼运动。简阳市人民政府副市长陈卫东说:"污染致死的鱼是肯定不能食用的,所以政府对这一块非常重视。给沿途的乡镇发了专门通知,要求乡镇一定要想办法,出钱请老百姓打捞这些死鱼,打捞起来做无害化处理。"价格是每公斤大概 8 角左右。"共捞了死鱼 23 万多公斤,政府就为此大概出了 20 万元钱。"这次污染,简阳市养殖户死鱼量高达 328 吨,经济损失 763.75 万元,沱江河简阳段天然鱼死亡损失高达 2367.75 万元。

简阳市政府发布的通告显示,此次污染,简阳市损失达 7000 多万元,沿江 600 多公里的流域,整个污染造成的直接经济损失有上亿元。无论是影响范围、污染程度还是损失数字,这次沱江事件都算得上是一起少见的特大污染事故。

二、生态污染后果严重

据简阳市环保局的报告显示,沿沱江 600 多公里的流域,这次遭受的是一次严重的生态灾难。生态污染的损失和后果更加严重。

上百万人前后 26 天无水可喝,为了解决居民的饮水问题,消防车、环卫车都加入到向市民、医院和学校送水的行列。

三岔湖是简阳市的一个水库,它的蓄水能力二亿零八万立方米。4 月 10 日是春耕的时候,按照往年的惯例,这里的水将用于农田灌溉。然而今年三岔湖的水,除了灌溉以外,还有另外一个用途,就是用于冲刷沱江已经被污染的河床。然而,三岔湖水库用于冲刷沱江的水,并不是水库自己的,而是四川省政府因为沱江污染应急,统一协调从都江堰调配过来的,也就是说是需要花钱从都江堰来买的。于是,买水的钱谁来出,成了一个很棘手的问题。单凭这一笔损失就接近 36 万元。

因为污染,蒙受损失的还有简阳市泰华电站,污染后,沱江上游需要把已经污染的水放出去,下游需要大量的水冲刷和稀释,这个情况下,泰华电站不得不服从命令开闸放水。从放水那一天起,这个电站 20 多天的时间被迫停产。损失将近 8 万度电。每天损失就将近 2 万元钱。

污染事件过后,百姓的损失,当地经济的损失已经成为首要解决的问题:农作物受损 940.36 万元;渔农捕捞损失 361.35 万元;企业损失2033.91万元;一共损失突破 7000 多万元。

三、谁是污染的祸首

根据四川省环保局公布的报告,事件的制造者是沱江上游的川化集团。该集团是一家国有企业,是四川省内最大的化工原料生产厂。2007 年 2 月 11 日到 3 月 2 日,这家工厂违规向沱江排放了大量高浓度氨氮废水。结果导致这些废水先后污染了沱江下游的简阳、资阳、内江等地,最后流入长江。

事件发生后,四川省对相关责任人进行处理,川化集团总裁谢木喜引咎辞职,相关责任人被追究司法责任,川化集团赔偿 1100 万元。事情至此,沱江特大污染事故可以说是有了一个结果。然而,就在这次污染事件处理即将画上句号的时候,令人震惊的是,沱江又一次发生了污染。

四、沱江再次被污染

就在这次污染事件正在调查和处理过程中,5 月 3 日沱江流域再次发生污染事件。

污染源头就是离资中县 100 多公里的一家造纸企业——仁寿县东方红纸业有限公司。该公司安装了不经过污水处理设施的暗管直接排放工业污水。这个位于简阳市沱江大桥右侧的造纸厂外墙距离沱江只有 50 米远,而工厂的排水沟直通向沱江。由于现在是枯水期,裸露在外面的排水沟与江面不足 20 厘米,如果水位上涨,它将淹没在沱江中。白天看这个排水沟,只有少量的水流出,但是当你在夜里再看这个排水沟时,情况则大不一样:乌黑的水散发着难以忍受的味道排向了沱江。

为什么事先没有发现这些安全隐患?四川省环保局局长朱天开说:"我们在检查它这次年终违法排污的情况当中,发现它作了假账。它有两本账,一本就是专门应付环保部门的,另一部分就是他们自己真实记录的情况,他们只是报给他厂里的领导看。"

事后了解到在沱江干流和支流发生污染之后,四川省环保系统内,至少有两名基层环保局长被免职。

五、政府对沿江企业的管制措施

除了从上游引水"几乎将沱江水换了一遍"之外,事故发生后,四川省还"对沱江沿线污染企业进行拉网式排查,排查企业 170 多家,对其中 51 家排污超标的企业实行了停产整改、停产治理。

沱江能不能变清澈,沿江 600 公里的农民知道,关键就在于政府部门对经济效益和公众利益的权衡之间。

有关专家指出,此次事件后,一方面政府要加强对沿江企业的管制,采取一些切实有效的措施;另一方面,鉴于赔偿问题,有关方面应以这一典型事件为契机,摸索出一套对复杂突发事故造成损失进行赔偿的合理机制,否则,行政指令与市场规律的冲突只会愈演愈烈。

编写人:中央民族大学 2005 级研究生班学员

北京市发展改革委员会　刘倩婧

讨论问题:

1. 沱江为什么会连续发生污染事件,污染所带来的损失到底该由谁来负责?
2. 假如你是省调研人员,针对沱江污染事件,提出切实可行的解决方案。
3. 在经济快速发展的今天,政府如何权衡经济效益和公众利益之间的关系,谈谈你的看法。

案例 12

资源枯竭的石拐区何去何从

引言:资源富饶地区一直是人们议论和关心的焦点地区。在这些地区由于历史和现实的原因,企业对资源进行过量开采,但是由于科技生产水平低下,对资源的利用率却相对较低。而政府由于当地经济增长的压力和条件所限,不能按照理想方式对资源进行长远规划,所以一些资源富饶地区经历了一段快速发展时期后,由于对资源的过量开采导致了资源枯竭而成为资源枯竭型地区。这些地区将何去何从,是一个长期困扰当地政府的难题。

一、资源枯竭的石拐区

石拐区位于包头市东北部,地处阴山山脉大青山腹地,是包头市所辖9个旗县区之一。境内沟壑纵横,丘陵山地占全区总面积的80%之多。全区面积618平方公里,辖五当召镇、五个街道办事处,总人口5.7万人,其中城镇人口4.1万人,农业人口1.6万人。

石拐区煤炭资源丰富,是一个缘煤而建、靠煤而兴的老工业矿区,探明储量7.2亿吨,工业可采储量3.4亿吨。石拐区的前身石拐矿区是一个单一服务于原包头矿务局的工矿区,辖区面积仅为15平方公里。1998年9

月 12 日,包头市委、市政府进行行政区划调整,将原包头郊区的国庆乡和固阳县的吉忽伦图苏木整建制划归石拐矿区,石拐矿区成为一个工矿区和农牧区相结合的新矿区,2001 年 1 月 1 日经国务院批准,石拐矿区更名为石拐区。

石拐区煤炭开采历史悠久,据史料记载,清朝乾隆初年,石拐区私人小煤窑开采初具规模,在大青山已有煤窑 80 余座。抗日战争时期,日本侵略者对石拐煤田进行了掠夺性开采,煤田破坏十分严重,地质灾害从那时起就埋下了祸根。1958 年,随着"一五"计划的实施,包头矿务局作为全国 156 个重点项目之一在石拐建成投产,企业成立 40 多年来,共新建、扩建、接收 11 对矿井,设计生产能力 381 万吨,核定生产能力 232 万吨,最高年产量达 300 万吨,共生产原煤 1.2 亿吨,上缴税金 4 亿多元,为国家建设做出了积极贡献。与此同时,地方、私营小煤窑的掠夺性开采也一直进行着,石拐区的小煤窑最多时达 220 多座。

近年来,由于地质储量下降和开采难度较大等原因,神华包头矿务局生产矿井相继报废,保留生产的河滩沟、白狐沟和阿刀亥 3 对矿井中的两对矿井也于 2005 年 2 月相继闭井。小煤窑在资源枯竭和国家产业政策的调控下全部关停。至此,石拐区境内的煤炭采掘史已近尾声。

随着煤炭资源的枯竭,石拐区不仅失去了生存的支柱产业,而且也失去了赖以生存的土地。长期不合理、无节制的乱采滥挖,在地下形成了大面积的采空区。随着时间推移,在闭坑矿井水位上升、雨水冲刷和各种应力的作用下,采空区开始沉陷,导致滑坡、崩塌、地面塌陷和泥石流等地质灾害时有发生,新增地质灾害点不断增多,呈现逐年加重的趋势,防治形势十分严峻。

据初步调查,石拐区地质灾害涉及面积达 180 平方公里,占全区总面积的 29%,主要分布在大磁、大发、五当沟、白狐沟 4 个街道和工人村、五当召镇(原国庆乡)古城塔、立甲子、东山村陈四窑 4 个自然村等区片。在 2005 年包头市公布的 13 处重点地质灾害点中,石拐区就占 9 处,占 69.2%。全区受灾总户数达到 9948 户,受灾总人数为 26230 人,随着时间的推移,受灾范围仍在不断扩大,受灾人数仍在不断增多。矿产资源的枯竭,地质灾害的频发,使得石拐区这一往日车马喧嚣、人声鼎沸的煤城寂静了许多。由于地处大青山腹地,辖区内原本可供发展生产的土地就十分有限,再加之地质灾害的破坏,当前,工业项目用地、居民住房用地以及办公楼建设用地已无法满足,地质灾害不仅严重影响到当地居民正常的生产生活,也直接影响到石拐区经济社会持续健康快速发展。

二、有限的解决办法

面对严重的地质灾害形势,石拐区高度重视地质灾害防治工作,积极采取有效措施,加强地质灾害防灾减灾工作,最大限度地确保人民群众生命财产安全。同时,在财力十分紧张的情况下,每年都想方设法、有计划、有重点地对部分受灾严重的居民实施搬迁。2003 年 8 月,投入资金 68 万元对大发平峒 65 户受灾居民进行了搬迁;2004 年 5 月,投入资金 20 万元对大磁陶园社区 19 户受灾居民进行了搬迁;2005 年 7 月,投入资金 36.8 万元对五当沟八居委 39 户受灾居民实施了搬迁。

2003 年,在内蒙古自治区发改委、包头市政府、包头市发改委的大力支持下,神包矿业公司和石拐区共同努力,积极争取石拐区采煤沉陷区综合治理项目。2005 年 7 月底,该项目经国家发改委批准立项实施。项目总投资 2.249 亿元,其中国家投资 1.1245 亿元,自治区配套 1124 万元,包头配套 3018 万元(不以现金形式配套),神华集团出资 4381 万元,搬迁居民自筹 2722 万元。

项目涉及原属神包矿业公司的河滩沟、白狐沟、阿刀亥、大磁、五当沟、长汉沟 6 个采煤沉陷区和 1 个滑坡灾害区,总面积达 25.46 平方公里,其中稳定区域占 22.74 平方公里,非稳定区域占 2.72 平方公里,受损建筑面积 20.529 平方米。项目区涉及受损居民 5547 户,13984 人。根据中华人民共和国行业标准、《危险房屋鉴定标准》和《民用建筑可靠性鉴定标准》的规定,报告把沉陷受损住户分为 A、B、C、D 四个等级。A、B 级(即需加固维修的)有 2342 户,C、D 级及滑坡区(即需新建搬迁的)有 3205 户。分别往包头市区实行异地搬迁 3025 户,在石拐安置 180 户。

目前,经包头市国土征地中心、东河区政府、九原区政府的多次磋商,最终落实新建工程建设用地 4 块(4 个安置小区),共计 297 亩(含代征道路),比《评估报告》多增加征地 42 亩。九原安置小区与东河安置小区 42 栋楼房全部 4 层封顶,部分主体封顶,建筑面积 13.8 万平方米,是总建筑面积的70%。石拐安置小区和龙苑安置小区正在做地质勘察资料和相关手续的办理工作,预计 2007 年年底全部交付使用。

三、两种治理意见

像石拐区这样的老区矿区,赖以生存的资源已枯竭,接替的产业还未成型,承载发展的土地已破坏,如果沉陷区的人员全部搬迁出去,大约有一半的人员要离开石拐区,随之而来的就是各种公用服务对象的减少,大量基础设施的闲置、工作人员过剩和行政成本的上升。对于石拐区今后的发展,有关专家和领导提出了两种方案,一种是"撤区设镇",一种是"搬迁新建"。

部分专家和领导认为对石拐区的问题应该"撤区设镇"。

其理由是:石拐区通过实施沉陷区综合治理项目后,辖区人口有近60%需迁移到区外,辖区可利用土地很少,持续发展的空间有限,已不具备一个县级行政区设置的诸多条件,借助沉陷区综合治理项目和神华集团实施的棚户区治理搬迁项目,将灾区范围内的人员全部搬出,之后"撤区设镇"。如果不搬迁,继续维系一个县级行政的所有职能,行政成本会逐年提高,且无实质性的意义。

石拐区委、区政府趋于第二种方案"搬迁新建"。

建议市委可根据市区总体规划、土地利用规划进行区划调整,将离石拐区较近的九原区兴胜镇的 12 个村划归石拐区,进行新区建设。

其理由是:在兴胜镇建立新区,有利于包头市中心城区的扩容和城市经营。规划区建设跳出了包头市企业包围城市的地理现状。该地区海拔高于市区、风向好、空气质量好,是包头市区真正的宜居区。在后营子建设新区,可以带动西北门、沙河镇等周边一带的地价大幅上涨,快速聚集人口。有利于彻底解决石拐的生存和发展,化解社会重大矛盾。

新区建设有神华集团实施的棚户区治理搬迁项目的支撑,新城区前期建设可用资金预计达到 16 亿元,拉动效应极大,招商引力巨大。规划区基础设施可以利用周围 6 公里内的水源、热源;新区建设毗邻 110 国道和 210 国道,再加上包脑公路、青大公路和沙明公路,形成四通八达的交通网络,可以快速将新区建成商贸服务中心。规划区毗邻青山区、九原区、东河区及有关大企业,有利于就业、有利于开发高档次、经济适用房;有利于辐射山北经济圈的发展,吸引山北地区居民移民聚集,推进城镇化进程;有利于规划新农村建设,带动当地约 3 万农业人口快速脱贫致富。

石拐区提出构建"二区一城"的区域空间布局,即将石拐区分为新(后营子乡)、旧(现在的石拐区)两个城区。

1. 新城区以行政办公、文化、仓储物流等第三产业,工业园区和居住为主,区域内设置一镇、两个办事处、一个工业园区综合服务中心。该区开发依托项目拉动,主要有采煤沉陷区综合治理、棚户区改造、国际养老城、深圳华侨城、大型仓储物流、加工工业园区及商品房开发等项目。

2. 旧城区主要以旅游、工业组团构成,区域内设置一镇、三个办事处和一个工业园区。该区开发依托城市基础设施集中改造、交通道路改造、分片休闲、环境治理、旅游开发、五当召开发等项目。

编写人:中央民族大学 2006 级 MPA 研究生

中共包头市委组织部 王玥

讨论问题:

1. 你认为石拐区应该采取哪种方式进行治理?

2.政府为了避免今后类似石拐区的情况再次发生,应该采取哪些规划和措
施来实现经济增长方式的转变?

案例 13

建设国家级园林城市之争

引言:S省Y市是我国中部欠发达地区的一个工矿城市,重工业发达但经济落后、环境污染严重。Y市地处太行山干石山区,山地多,平地少,建筑密度大,人口高度集中,生态环境十分脆弱。2003年,国家环保总局公布的数据显示,Y市2003年的空气质量指数在全国排名是倒数第二。2004年,国家环保总局公布数据,Y市的空气质量指数在全国排名没有变化,在全国113个重点监测城市,污染最严重的前十个城市中,Y市依旧是倒数第二。Y市大气环境污染的首要污染物是二氧化硫,污染负荷占63%以上,空气质量低于劣三级。国家环保总局公布的48家未启动脱硫项目的火电厂名单中,Y市的阳光电厂就是S省的3家被点名的电厂之一。与阳光电厂同属S省国际电力集团公司的河坡电厂、晨光电厂、以及阳煤集团五家电厂,每年排放二氧化硫,在5.1万吨以上,占市区排放量85%。国家环保总局同时公布的生活垃圾无害化处理率为零的有7个城市,Y市也是其中之一,Y市每天600多吨生活垃圾,却无一个城市垃圾处理厂。2005年,国家环保总局公布"中国城市环境管理年度报告"显示,国家环保重点监测城市中,空气质量劣于三级的7个城市中,Y市依然榜上有名,还是稳居第二。"空气质量劣于三级",这就是说,这些城市的空气比一般工业区的还差,已经不适宜人的生存。2006年,据 S 省商报报道,S 省 11 个重点城市中,不论是空气质量,还是二氧化硫污染状况,Y 市均劣于国家其他地区,成为全省环境质量最差的城市,这就意味着 Y 市的空气质量之劣,已成为全国倒数第一。就在这样一个城市建设国家级园林城市可行吗?

一、打造国家级园林城市的设想

就在上述的基础上,Y 市委市政府这几年的口号是要把 Y 市打造为"中国鲁尔区,晋东明珠城"。2006 年 Y 市又提出到 2008 年建成省级园林城市,2010 年达到国家园林城市标准,提出了城市建城区绿地率达到 35% 以上,绿化覆盖率达到 40% 以上,人均公共绿地面积达到 8 平方米以上的目标。从 2006 年 10 月份开始,市区范围按照拆围建绿、拆墙透绿、见缝插绿、垂直挂绿的思路,新建绿地 69 片,种植法桐、白皮松、国槐等树木 2 万余株,新增绿化面积 16 万余平方米。农业县区紧紧围绕"打造 Y 市后花园"的建设目标,以通道绿化、河床治理、景区开发、庭院绿化、建设文明生态村为重点,大力实施创建园林县城。

2006 年是 Y 市投入绿化资金最多的一年。市、县两级财政共投入造林绿化资金 2400 多万元,加上城市绿化投资、厂矿单位绿化投资、国家重点生态工程投资,全市共计投入林业建设资金 8655 万元。市政府在财政紧张的情况下,拿出 1000 万元用于环城绿化。为保证 YM 路通道绿化进度,M 县召集多家煤矿企业筹措资金 400 多万元。郊区则发动有关单位主动承担绿化工程,投入绿化资金 300 多万元。在保证投入的同时,该市积极创新造林模式提高造林质量,各县区普遍实行招投标制,从规划、整地、选苗到栽植、管护,质量标准都是近几年来最好的,在通道绿化中,很多路段都选用了 10 厘米粗的阔叶树大苗。

2006 年 Y 市按照山上治本、身边增绿的原则,完成环城绿化、荒山绿化

3.8 万亩,建成人均公共绿地达到了 6.3 平方米,绿化覆盖率达到了
30.12%,2007 年又投资 3.6 亿元进行了园林城市建设。截至 2007 年 3 月
上旬,全市共完成通道绿化 443.6 公里,交通沿线荒山造林 2 万亩,环城荒
山绿化 9000 亩,企业厂矿绿化造林 1500 亩,有 29 个企业厂区全面绿化,完
成园林村绿化 100 个。

二、园林城市建设中的困难

　　虽然建设国家级园林城市确实一定程度上美化了 Y 市,但是也暴露了
一些问题:1. 提出建设国家级园林城市目标和口号以来,Y 市所作的努力一
直局限于相对容易做的种树植草等绿化方面。但是,Y 市与煤炭生产相关
的企业太多,尤其是电力等重度污染工业发展迅猛,作为 Y 市经济的支柱
产业,煤炭和电力企业还在继续扩大发展。随着空气污染的加剧,很多市民
提出,Y 市的环保不能只是种树,环保还需要更多方面的污染治理。2. Y 市
政府曾做出决策为多年干涸的 T 河蓄水,所蓄水全为宝贵的自来水,共 60
万立方米水体,而这 60 万立方米的水在灌入 T 河一天之后就全部渗入地下
消失了,经济损失巨大,也浪费了珍贵的自来水。后来政府改用中水进行二
次蓄水,虽然使用了防渗漏技术,但目前看上去水位又降了很多,渗漏仍在
继续。3. 重复建设严重。比如 Y 市政府前马路两边的观赏型大陶瓷花盆
为几年前装置的,到 2007 年仍然较新,外观也漂亮,但在这次建设园林城市
活动中被拆掉,全部换成了价格昂贵的木制景观盆栽,每一盆就花费 3 万
元。再比如,在这次活动中有些路段把刚栽上没有两年的黄杨拔了起来,换
上 10 厘米粗的新树,每一棵的购买价格都在 8000 ~ 10000 元。4. 成活率
低。在 2007 年五一劳动节前两天,市政府购买了大量草坪铺到城市各处土
地上,以迎接前来 Y 市参加庆祝 Y 市建市 60 周年庆典的各级领导。但庆
典结束后没几天,这些"速成"绿地的草就大片枯黄死亡。

三、对建设园林城市的置疑

对于 Y 市园林城市的建设,社会各界众说纷纭,评价不一。百姓们发出疑问:"我市建设国家级园林城市,难道就是花钱栽树?"百姓认为,建设国家级园林城市,目标是正确的,也并非不可行,可问题在于,Y 市作为一个老工业城市,重中之重是经济结构调整、改善民生环境。如果说经济结构调整尚需时日的话,那么政府是不是应该首先从民生着力呢? 其实,所有人都渴望这座城市出落得更加美丽,但更渴望这座城市的平安和舒适。但当很多市民们还在为生计发愁、还在对城市的社会治安感到恐惧的时候,谁还在意 Y 市是不是国家级园林城市呢? 还有的群众直接讥讽政府,认为政府只懂搞形象工程。

也有很多人持相反观点:认为创建园林城市首先要栽树,没树的城市,不能称之为园林城市。建园林城市应该是利大于弊,对于环境就是要舍得花钱,只要保持好就行。

对于这些争论,Y 市政府领导认为:创建园林城市是坚持以人为本、构建和谐社会的具体体现。高水平的城市园林绿化,可以提升一个城市的文化品位和艺术内涵,可以使市民在优美的生态环境中修身养性、怡情益智,使人的发展与城市、自然相协调,形成共生共荣的和谐局面。创建园林城市工作,就是站在代表人民群众根本利益的高度,解决好人民群众关心的、希望解决的事情,实现好、维护好、发展好人民群众的根本利益,努力为广大人民群众创造一个优美、清新、健康、舒适的城市人居环境。

这个园林城市建设的规划可行吗?

编写人:中央民族大学 2005 级 MPA 研究生

山西省阳泉市委党校　杨珍君

讨论问题：

1. Y 市这样以重工业为支柱产业的城市有没有建设成国家级园林城市的科学可行性？如果你是 Y 市市长，你会作出这样的决策吗？为什么？

2. 你认为 Y 市财政经费应该在民生问题还没有解决的情况下就大量花费在建设园林城市上吗？

3. 一个经济落后的重工业城市如何既保护环境又发展经济？

案例 14

"新凌钢"选址之争

引言:2005 年 10 月,国家发展和改革委员会批准了凌钢建设 200 万吨 H 型钢项目。在国家对钢铁新建项目严格限制的背景下,江苏铁本叫停、浙江建龙受阻,谁能够获得批文建设一家钢厂就等于开动了一台印钞机,朝阳市上下为取得国家发改委的批文而振奋不已。因为作为老工业基地的朝阳市,一年的地方财政收入只有 14 亿元,而支出却高达 60 多亿元,如果新凌钢项目上马,以 2006 年价格计算,仅仅热轧板材一项,就可创造超过 16 亿元的惊人利润。国家批准的凌钢新项目给朝阳经济发展和财源建设带来了曙光,成为处在艰难中的朝阳的救命项目! 朝阳市将其确立为"先于一切、高于一切、大于一切"的一号工程,决定立即上马,大干一番。但就在朝阳市这一"天字号"工程刚刚进入选址阶段,就遇到了难题,是选择投入比较少的中涝区域作为"新凌钢"的厂址,还是选择对朝阳市区环境污染比较小的平安地区域作为"新凌钢"的厂址,有关领导、专家和市民意见不一,选址问题成为成为朝阳市政府、凌钢集团和广大市民讨论和关注的焦点。

一、新凌钢应该建在哪里

凌源钢铁集团有限责任公司是朝阳市的一家支柱企业,目前,朝阳市财政收入的一半以上来自于凌钢,它是集采矿、选矿、冶炼、轧材为一体的钢铁联合企业,是全国最大 500 户企业和国务院重点支持的 520 户企业之一,公司座落在中华文明之光、红山女神故乡——辽宁省凌源市。经多年发展建设,已形成 200 万吨钢、180 万吨铁、200 万吨钢材综合生产能力。公司总资产 50 亿元,资产负债率 40%,下辖凌钢股份(上市公司)等 10 个子公司和 13 个直属分厂。凌钢是全国冶金行业首批通过 ISO9002 产品质量认证企业和全国质量先进企业。主要产品有热轧中宽钢带、螺纹钢、圆钢、焊管、冷轧钢带。其中,热轧中宽钢带、螺纹钢获国家冶金产品金杯奖,螺纹钢是国家免检产品。

"九五"以来,凌钢不断推进管理创新、体制创新和技术创新,坚持动态优化、协调发展,实施低成本战略和品牌战略,建立了"日清日结"等现代管理模式,形成了适应市场经济要求的内部激励、竞争、制约机制和具有自身特点的企业文化,促进了增长方式转变和经济效益提高。同时,作为 20 世纪 60 年代建设的钢厂 200 万吨的产量在这个群山中的弹丸之地已经接近了极限,凌钢要想发展和生存,必须寻找新的空间。进入新世纪后,为加快企业发展,凌钢结合辽宁老工业基地改造,规划在朝阳新区新建 200 万吨(预留 400 万吨)汽车、船舶用钢和建筑用 H 型钢生产线,在实现产品升级工艺优化的同时,凌钢将发展成为钢产量超过 400 万吨、销售收入超过 100 亿元的大型企业集团。

2005 年 10 月,国家发改委批准凌钢建设 200 万吨 H 型钢项目。项目得到批准后,经过多次对凌钢异地建设新上 200 万吨选址的论证,初步预选两个备选厂址,一个是位于朝阳市西大营子镇的中涝区域,另一个是朝阳市他拉皋镇的平安地区域。一个位于朝阳市区上游,一个位于朝阳市区下游,一个投资成本低,一个对朝阳环境污染小。而在两个厂址中选择哪一个厂址,政府领导、企业和广大市民之间出现了激烈的争论。

二、两个备选厂址各有利弊

第一个备选厂址:中涝区域。位于朝阳市区上游的西大营子镇政府以南 2~3 公里,东临锦朝公路、西靠老窝铺山、南临沟门子沟。所在区域包括西大营子村、河南村、老窝铺村、西沟村、中涝村等 21 个村民组,初步规划可占用面积 7727 亩,该处地域开阔,西高东低,地势较平坦。区内有两条 50 万伏高压线穿过。距铁路南站 1.5 公里,交通运输条件优越。

第二个备选厂址:平安地区域。位于朝阳市区下游的他拉皋 101 线以西,平安地村以东,王杖子村以北,铁营子村以南,距市区 8 公里,可利用土地 6000 亩,区域包括他拉皋镇凌北村、凌东村、八里营子村、铁营子村等 18 个村民组,该区域西高东低,地势平坦,区域开阔,交通运输条件较好。

三、主张将新凌钢新建在中涝区域的理由

第一,选址中涝区域投资少。

坚持选择中涝区域作为厂址的一方认为,"新凌钢"批复投资 63 亿元,实际干下来得七八十个亿,而凌钢自身没有这样的实力,因为凌钢现在每年自筹资金水平在 2~3 亿元,筹资能力不强,项目建设需要多渠道筹集资金,为此应把投资成本作为选址的一个重要因素优先考虑。从投资测算看,中涝区域建设投资(包括企业投资和工业园区配套设施投资)将比平安地区域投资减少 22206 万元。其中:环保投资增加 1575 万元,供水投资节约 16800 万元,排水投资增加 850 万元,供电投资增加 745 万元,铁路投资节约 3000 万元,公路投资节约 10058 万元,征地增加 4482 万元。因此应选择中涝区域作为"新凌钢"的厂址。如果选择平安地区域,将加大招商引资、银行贷款等投融资的难度,不利于项目上马的决策和尽快建设投产。

第二,选址中涝区域企业运行成本低。

　　坚持选择中涝区域作为厂址的一方认为,选择中涝区域,公路运输里程比平安地区域减少 16 公里,每年运量至少 310 万吨,年减少运行成本超过 1500 万元。同时,中涝区域的水价为每立方米 0.75 元,比平安地区域每立方米水价低 0.65 元,年水费支出又可以减少 1150 万元左右。如果将厂址选在平安地区域,年运行成本增加 2650 万元左右,新企业的盈利水平将受到极大的影响。

　　第三,通过增加环保设施解决环境污染问题。

　　首先关于水污染问题。为了防止对市区饮用水的污染,企业在建设时尽量通过污水处理设施使得污水排放达标。同时可以通过以下措施避免造成水污染。一是北线排放什家子河,不向大凌河直排;二是企业在设计、施工、运行管理中,按照高标准设计、施工,防止渗漏问题,并在厂外地下水水流方向设置观察井,定期检测,监视地下水水质变化情况;三是加快朝阳、北票两个污水处理厂建设步伐;四是引阎王鼻子水库水进入市区。其次,关于空气污染问题。厂址选在中涝区域,只有刮西南风的时候才会对市区空气产生不良影响。而朝阳地区西南方向主要包括南南西风、西南风和西南西风 3 个方向的风频,从朝阳气象站 1953～2000 年 48 年观测资料分析,这 3 个方向的风频之和为 17.0%,折合 62 天。因此,在大气污染达标的情况下,高架源不改变市区原有空气质量级别。在非正常状态下,对市区空气质量有一定影响,尽管低架源对中涝村影响较大,但建在平安地区域也无法避免低架源对他拉皋村空气的影响。同时,企业在建厂时可以通过以下措施尽量减少对市区空气的污染。一是企业在建设时的平面布置上,焦化、烧结、原料等污染源尽最大努力向西北移动;二是对卫生防护距离内的污染区纳入搬迁范围内,打入建设成本;三是加快位于市区的朝阳县造纸厂等污染厂搬迁进度,同时对现有的 300 多个烟囱进行治理。

　　第四,选择中涝区域企业发展空间大。

　　由于中涝区域可利用土地比平安地区域多出 1700 亩,且地势平坦。因此企业下一步扩大规模,发展空间较大。另外在下一步企业扩建时,附属配套设施投资中涝区域也较平安地区域节省,有利于企业进一步发展。

四、主张将新凌钢建在平安地区域的理由

第一，环境保护应该作为选址的首要因素。

坚持将"新凌钢"选址在平安地区域的一方认为，环保问题是经济发展中必须优先考虑的问题，我们在环保方面接受的教训太多了，经济发展不能以牺牲环境为代价。平安地区域位于朝阳市区下游，对城市饮用水不会造成影响。而建在中涝区域对城市饮用水的影响则不可避免。因为尽管凌钢污水中焦化污水产生量小，但对水质污染最为严重，且难以处理，目前虽然技术上可行，但处理达标成本却相当高。因此，将"新凌钢"建在中涝区域对市区饮用水的威胁时刻存在。同时，将厂址选在平安地区域只有刮西北风的时候才会对市区空气产生影响。而从朝阳气象站 1953～2000 年 48 年观测资料分析，朝阳西北风即西北西风、西南风、西南西风三个方向的风频之和为 10.0%，折合 36 天，比中涝区域的西南风减少 36 天。同时，受狼山阻隔，减轻了低架源对市区空气的影响。初步估算，在大气污染源达标情况下，对市区空气质量影响较小，在非正常状态下，其影响也不会改变市区空气质量的级别，只是低架源会对他拉皋村产生一定的影响。对于主张建在中涝区域方提出的搬迁朝阳造纸厂、对大烟囱综合治理等措施是治理环境、净化空气的有力措施，但与"新凌钢"选址无关，绝不能走入"这边治理，那边污染"的恶性循环之路。

第二，土地是宝贵的资源。

同样建设"新凌钢"，建在平安地区域只需征用土地 6065.9 亩，而建在中涝区域则需征地 7727.4 亩，不能说因为多征用了土地就认为企业的发展空间大。朝阳本身人均土地不足，我们必须从节约用地的角度考虑选址问题。同时，对于水价的不同带来的运行成本不同方面，坚持选址在平安地区域的一方也不能认同坚持选址在中涝区域一方的观点。水资源同样是宝贵的资源，衡量选址标准应该考虑用水量的多少，而不能以水价的高低作为选厂址的一个理由，中涝区域和平安地区域同在市区附近，水价差距之大本身

就不正常。

第三,能够降低收购铁精粉的运输成本。

北票市是重要的铁精粉生产地,每年铁精粉产量超过 250 万吨,作为生产钢材的主要原材料,将"新凌钢"厂址选在距离北票市较近的平安地区域,有利于降低原材料的收购成本,防止本地所产铁精粉的外流。

"新凌钢"的建设迫在眉睫,到底坚持"环保第一"还是"成本第一"成为争论各方面临的紧迫难题。

编写人:中央民族大学 2006 级 MPA 研究生

辽宁省朝阳市国税局　董永军

讨论问题:

1. 如果你是决策者,在做决策之前还需做哪些工作?
2. 你认为"新凌钢"选址决策的程序是什么?
3. 如果你是决策者,你会做出怎样的决策?

附录:关于"新凌钢"选址涉及到的一些背景数据

一、关于环保

1. 关于风向:根据朝阳气象站 1953～2000 年 48 年观测资料分析,朝阳市各方向年均风频为:北风 4.7%;北北东风 4.5%;东北东风 1.5%;东风0.7%;东南东风 0.2%;东南风 1.9%;南南东风 6.3%;南风 16.0%;南南西风 7.2%;西南风 7.4%;西南西风 2.4%;西风 1.6%;西北西风 1.8%;西北风 4.8%;北北西风 3.4%;静风 29.3%。主导风向为南风。

2. 关于水环境:凌钢污水中焦化污水产生量小,但对水质污染最为严重,且难以处理,目前虽然技术上可行,但处理达标成本却相当高。

二、关于地震影响

对平安地区域、中涝区域厂址，在宏观上都是Ⅶ度设防区域，且同在北票－朝阳断裂带上盘。省地震研究所对平安地厂址提出了作为预选厂址可行的意见，地震安评后设防标准不会有变化，中涝区域作为预选厂址根据1996 年 12 月阎王鼻子水库安评报告，设防标准也不会有变化。因此两厂址地震安评后建设成本没有差异。但安评后的结果，平安地区域相对有不确定性。

三、关于规划

中涝区域不在省已批准的近期 49.32 平房公里的城市规划区处，但在远期的 906 平方公里规划区内，现为农业用地，如在此建厂，需做省工作争取，调整到近期 49.32 平方公里的城市规划区内。平安地区域为规划中的"朝阳组团"，是城市行政办公规划用地，不属工业用地，如在此建厂也需做省里工作，调整为工业园区用地。

四、关于投资估算

1. 环保投资：中涝区域位于饮用水源上游，考虑水污染防治设施的防渗问题，防渗工程投资约 1575 万元。

2. 供水投资：中涝区域从阎王鼻子水库大坝工业取水口开始自流至直径为 100 米的四个沉沙池，经提水站提水，通过双管线输送到市南郊拉拉屯净水厂，全长 22 公里，总投资约 3.5 亿元。而平安地区域在中涝供水基础上，将位于拉拉屯附近的净水厂向前移到公皋附近，增加加压站，铺设两条供水专线沿外围 101 线经公皋、七道泉子、什家子河、北三家、翻越北三家山到姜家窝铺直达平安地。与中涝区域相比，增加主管线 4 公里，凌钢供水专线长 16 公里，总投资约 4.18 亿元。

3. 排水投资：中涝区域排水由新区下行至截洪沟入口处，与截洪沟并行，最后排入什家子河，排水管线全长 9 公里，工程总造价 1420 万元，工期为 6 个月；而平安地区域排水经净化处理达标后，排入大凌河，排水管线全长 3.5 公里，工程总造价 570 万元。

4. 铁路投资：平安地区域在金沟火车站接轨，对金沟火车站改造投资约

5000万元;建设通往厂区的专用线工程,全长约4.5公里,投资3600万元;建设新厂区铁路交接厂,投资约2120万元,合计为10720万元。而中涝区域交接厂建设与平安地区域相同,投资2120万元,专用线建设投资约600万元;南站改造投资约5000万元。

5.公路投资:中涝区域起于101线西大营子西,经由老窝铺、中涝、东山至铁路南站,全长5.5公里,总投资5218万元;平安地区域起于朝阳北大桥桥南头,经由姜家窝铺、菠榛沟、大王杖子、八里营子、铁匠营子北至桃花吐收费站西,全长13.5公里,总投资15276万元。

6.供电投资:凌钢异地建设,一年期年产200万吨的钢铁厂,所需最大电力20万千瓦,年用电量11亿千瓦时。

平安地区域:建设500千伏变电所、220千伏变电所及配套线路总投资约3.88亿元,工程建设周期为18个月。

中涝区域:需对500千伏原一、二回线进行迁移,总投资3745万元,建设500千伏变电所、220千伏变电所及配套送电线路等投资3.58亿元,总投资3.9545亿元,工期为18个月。

五、关于征地

中涝区域:所在区域涉及西大营子镇西大营子村等21个村民组,有农业人口6696人、劳动力4547人、耕地面积13392亩。该厂区初步规划占用面积7727.4亩,其中水浇地5555.1亩,旱地1395.7亩,菜田500亩,居民点276.6亩。按照《朝阳市城市规划区内集体土地征用管理办法》的规定,征地总费用为38165.6万元。

平安地区域:所在区域涉及他拉皋镇凌北等18个村民组,共有农业人口8615人、劳动力5968人、耕地面积10726亩。该厂区初步规划占用面积6065.9亩,其中水浇地1483.5亩,旱地3986.4亩,居民点用地235.3亩,未利用地326.3亩。按照《朝阳市城市规划区内集体土地征用管理办法》的规定,征地总费用为26449.2万元。

综上,两个区域征地每亩成本中涝为4.94万元,平安地为4.36万元,每亩差0.58万元。

六、关于企业运营费用

1. 公路运输平安地区域较中涝区域增加 16 公里，年运量 310 万吨，年增加运行成本 1500 万元。

2. 水费平安地区域按每立方 1.40 元，中涝每立方 0.75 元，年水费支出约增加 1150 万元。

案例 15

"金三角"的煤化工产业发展之争

引言:煤化工产业发展是当前中国发展进程中一个焦点话题,也是有关政府决策的重要考量。以呼和浩特、包头、鄂尔多斯"金三角"发展煤化工产业为例,在支持与反对之间一直存在着诸如安全发展、认真进行安全风险评估、统筹煤与相关产业的发展,特别是与水资源的协调发展等相关问题的争论。而且,这两种意见的争论有愈演愈烈的趋势。

一、问题的由来

2005 年以来,国际市场石油价格一直上涨,价格一度攀升至每桶 70 美元。油价上涨对中国经济产生重要影响,并对中国经济结构造成了一定的冲击。

中国石油产量近十年一直保持比较平稳增加的态势,而石油消费量却呈现高速增长的势头,致使中国自 1993 年起,已由一个石油净出口国变为石油净进口国,进口的数量逐年增加。1993 年中国石油净进口量为 988 万吨,1998 年增加到 2910 万吨,1999 年石油净进口量达到 4000 万吨。2006 年中国石油净进口进一步达到 16287 万吨,同比增长 19.6%,平均每天净进口至少 1000 万桶。石油价格猛涨对国内企业带来的最直接后果就是使得其利润空间被严重挤压,导致企业成本大幅增加,利润下降。

受石油价格不断上涨的拉动影响,煤制甲醇、二甲醚等石油替代产品加快发展的势头逐渐显现。在这种情况下,国家发改委制定出台了《煤化工产业发展政策》和《煤化工产业中长期发展规划》,明确要求各地不再批准年产规模在 300 万吨以下的煤制油项目、100 万吨以下的甲醇和二甲醚项目、60 万吨以下的煤制烯烃项目,事实上为煤化工产业制定了高门槛。但是,由于国际石油价格高位运行以及石油的稀缺性,目前原油价格虽然有所下滑,但仍保持在每桶 50 美元以上的价位,煤制油等能源替代性的煤化工产业仍有巨大利润空间。这导致国内许多具有资源优势的地区和从事化工、化肥、煤炭等领域的大企业纷纷上马煤化工产业。

地处我国北部边疆的内蒙古自治区煤炭储量居全国第二位,约 1.2 万亿吨,仅次于煤炭第一大省山西。内蒙古自治区地域辽阔,煤炭资源丰富、煤种齐全、煤质优良。已查明含煤面积 12 万平方公里,约占全区国土面积的 1/10,累计探明储量 2460 亿吨,保有储量约 2232 亿吨,预测远景储量 12250 亿吨。在探明储量中亿吨以上的整装煤田 31 处,其中:百亿吨以上的特大型煤田 8 处,百亿吨以下十亿吨以上的大型煤田 11 处,十亿吨以下一亿吨以上的煤田 12 处。一半以上的煤田尚未开发。多数煤田埋藏浅,煤层厚,赋存稳定,构造简单,宜于开采,伴生矿产资源也比较丰富。

2001 年至 2004 年,内蒙古共生产原煤 5.55 亿吨,向区外输出煤炭 2.95亿吨,占总量的53%。2005 年向区外输出煤炭约 1.6 亿吨,占总量的61%。内蒙古自治区已成为我国第二大煤炭资源大省、产煤大省和煤炭输出大省,发展煤化工产业,对于内蒙古自治区而言,具有得天独厚的区位和资源优势,这个优势主要是依托呼、包、鄂"金三角"体现出来的。

2005 年,三市 GDP 总量达到 2051 亿元以上,占全区经济总量的比重由 2000 年的 39% 上升到 51%,财政收入达到 277 亿元以上,占全区财政总收入的比重由 2000 年的 40% 上升到 51%,占了自治区的"半壁江山"。特别是利用"金三角"的资源优势发展煤化工产业之于内蒙古更有着非比寻常的重大意义。三地目前在建的煤化工产业全部达产达效后,预计每年可创造产值 500 亿元,创造税收近 100 亿元,占全区经济总量比重将上升到

60%以上。

但是,专家提醒,煤化工特别是能源化工领域进入门槛较一般行业高,技术难度高,资金投入大,原料煤和水资源可能对企业形成巨大制约,资金和能源占有上的劣势使得许多煤化工企业并不具备深度介入大规模煤化工业的条件。专家指出,从煤化工产业进展情况来看,煤变油等技术目前仍处于研发阶段,尚未实现大规模产业化,而且,煤化工产业发展会带来运输安全、水资源平衡、环境保护等一系列问题。

于是在发展煤化工产业和慎重考虑发展煤化工产业两个观点之间引起了一场激烈的争论。

二、力主发展煤化工产业的理由

煤化工产业包括煤焦化、煤气化、煤液化和电石等产品。经过几十年的努力,我国煤化工产业取得长足的发展。2005年我国生产焦炭23282万吨,电石895万吨,煤制化肥约2500万吨(折纯),煤制甲醇约350万吨,均位居世界前列。煤化工产业的发展对于缓解我国石油、天然气等优质能源供求矛盾,促进钢铁、化工、轻工和农业的发展,发挥了重要的作用。而且,加快煤化工产业发展有利于充分发掘内蒙古的资源优势,将资源优势早日变为经济优势,从而带动地区经济的增长和提高人民的生活水平。因此,加快煤化工产业发展是必要的。

1. 符合国家的产业政策。国家发改委制定的《煤化工产业中长期发展规划》中指出:"在有条件的地区适当加快以石油替代产品为重点的煤化工产业的发展;按照上下游一体化发展思路,建设规模化煤化工产业基地;树立循环经济的理念,优化配置生产要素,努力实现经济社会、生态环境和资源的协调发展。"据此,"十一五"规划纲要明确指出,要发展煤化工产业,促进该产业成为进入规范发展的快车道,并将煤化工产业作为中国今后20年的重要发展方向。作为民族地区,内蒙古特别是呼、包、鄂"金三角"发展煤化工产业对于全面贯彻落实科学发展观,建立和谐社会;保障国家石油供应安全,在科学规划,合理布局的基础上满足国内市场需求;统筹兼顾资源产地经济发展和环境容量具有重大意义。

2. 有利于提升呼、包、鄂"金三角"的经济规模和质量。有经济人士说:"'金三角'的出现改变了内蒙古的经济面貌。在一定程度上,闻名全国的'内蒙古速度'说白了就是'金三角'的速度。"但是,呼、包、鄂"金三角"与全国其他省市对比还存在较大差距。三市的 GDP 总量虽然占到全区的"半壁江山",但在 50 个 GDP 超 1000 亿的地级市名单中却找不到它们的身影,甚至连佛山市一个区的 GDP 总量也超过三市。就拿首府呼和浩特来说,在 27 个省会城市中,仅排 20 位,落后于西部地区的成都、西安、昆明和南宁。三市全部入围"中国综合实力百强城市",但排名却全部在 30 名以后。三市资源富集,完全可以建设国家级能源重化工基地,但刚刚起步就面临着主导产业相同的地区竞争压力。例如,鄂尔多斯的最大劲敌就是资源同样丰富的陕西榆林市。因此,如前所述,发展煤化工产业,有利于提升呼、包、鄂"金三角"的经济总量和运行质量。

3. 有利于做大做强地区优势特色产业。产业做大做强做优是提升地区竞争力的有力抓手。三市虽已初步形成能源、化工等几大优势产业格局,但这些优势还未得到充分发挥,就拿重磅级企业亿利化工来说,在全国大型化工企业中产量仅处于第 10 位。在优势产业和重点项目相对集中的呼、包、鄂"金三角",长期以来,存在针对产业结构单一、初级产品多、高附加值产品少等问题,特别是鄂尔多斯市,一直是守着"黑金"过穷日子,卖出去的煤越多,日子过得越凄惨,全市 8 个旗县区中,至少有一半以上属于国家级贫困县,当地的姑娘嫁人都不愿嫁在当地,宁可嫁到固阳县、清水河、武川等国贫县,"好歹也能吃上口白面",这种结果造成当地人口大量流失,优势不优,特色不特。同时,这也成为支持呼、包、鄂"金三角"发展煤化工产业的理由之一。发展煤化工产业可以使呼、包、鄂"金三角"率先推进产业多元化,加大自治区确定的"六大产业"之一的煤化工产业的培育力度,进一步完善产业体系,并在此基础上,加快发展煤化工产业延伸加工和精深加工,提高产业层次,强化自主创新,推进产业升级。

4. 有利于打造大企业与名品牌。呼、包、鄂"金三角"培育出很多重点企业,却只有 5 家(除呼铁局外)企业进入"中国 500 强企业",落后于四川、云南等西部省区。三市的工业开发区如雨后春笋,发展势头很旺,但世界 500 强企业来入驻的寥寥无几,工业增加值不过 100 亿左右。与一些发达地区工业开发区所具有的几十家世界 500 强企业入驻、总产值超过 1000 亿元的雄厚实力不可同日而语。在 2007 今年召开的呼、包、鄂三市经济工作会议上,三市领导一致认为,煤化工产业的发展壮大,需要有一定数量的大企业、名品牌来支撑。为此,呼、包、鄂地区必须率先打造一批能进入中国 500 强的具有领先地位和长久影响力的强势企业。同时要进一步提升三市现有和潜在的知名品牌,如大唐、亿利、乌力吉等的品牌价值,做好品牌经济,从而提高内蒙古乃至华北地区市场占有率和企业盈利水平,保持产业的稳定发展。并使这些企业向园区集中,吸引配套企业和关联产业集聚,形成产业规模效应,提升产业的整体效益水平。

5. 有利于三市的城镇化和社会主义新农村建设。对一个地区、一个区域带而言,经济实力的竞争最终取决于城市实力的竞争。三市可以通过发展煤化工产业,做强城市,提高城市吸纳、集聚能力,提高人民群众生活质量。并可以充分适应以城带乡、以工促农的社会主义新农村发展建设趋势,率先搞好"金三角"的新农村新牧区建设,推动三地的城镇化进程。

三、力主慎重考虑发展煤化工产业的理由

煤化工产业的发展对煤炭资源、水资源、生态、环境、技术、资金和社会配套条件要求较高。有专家指出,近一时期,煤化工产业在快速发展的同时,也出现了令人担忧的问题。一些地方不顾资源、生态、环境等方面的承载能力,出现了盲目规划、竞相建设煤化工项目的苗头,上述问题对煤化工产业,对经济社会持续、稳定、健康发展均产生了不利的影响。国家发改委工业司的一位官员也表示,煤化工产业要充分处理好与原料的衔接关系,实现原料供应的多元化,尽量利用劣质煤、高硫煤进行煤化工产业;充分处理

好与水资源的关系,我国产煤地区水资源低于全国平均水平,而大型煤化工年耗水量大,大规模的煤化工可能会打破局部地区水平衡,水资源成为煤化工高产高效的瓶颈,企业要充分考虑当地水资源情况。

1.片面追求产业发展速度会牺牲资源。一些地区为加快地方经济发展,以资源为手段,大举招商引资,资源配置和开发利用不合理。个别企业以建设煤化工项目之名,行圈占和攫取资源之实,大肆套取煤炭资源。有些地区煤化工产业刚刚起步,现有煤炭资源就被瓜分殆尽。

2.水资源成为煤化工产业发展的重要制约因素。黄河是沿黄流域工业用水和生产用水的主要供给源。近年来,随着自治区经济社会发展速度不断加快,沿黄各地水资源严重不足。2006 年 7 月~2007 年 6 月,水利部黄河水利委员会分配给自治区黄河可供水量为 49.14 亿立方米。其中 7~10月为 25.08 亿立方米;2006 年 11 月~2007 年 6 月为 22.70 亿立方米。根据长期径流预报,2006 年 11 月~2007 年 6 月黄河流域主要来水区来水比多年同期均值偏少 29%。但是,自 1999 年黄河实行水量统一调度以来,内蒙古积极配合,认真执行调度指令,在上游来水连续偏枯的情况下,克服重重困难,以牺牲本地区经济利益换得了头道拐断面的不断流。

煤化工工业属于典型的高耗能、高耗水大户,随着内蒙古煤化工工业的发展,水量形势不容乐观。呼、包、鄂"金三角"地区的水资源远低于世界平均水平,主要煤炭产地人均水资源占有量和单位国土面积水资源保有量仅为全国水平的 1/10。大型煤化工项目年用水量通常高达几千万立方米,吨产品耗水在 10 吨以上,相当于一些地区十几万人口的水资源占有量或 100多平方公里国土面积的水资源保有量。一些地区大规模超前规划煤化工项目,一方面有可能形成产能过剩的局面,另一方面会打破本地区脆弱的水资源平衡,直接影响当地经济社会平稳发展和生态环境保护。

3.煤炭工业可持续发展令人堪忧。我国煤炭资源虽然比较丰富,但优质、清洁和炼焦煤资源相对较少。当前,在内蒙古自治区和呼、包、鄂"金三角"地区,煤炭工业被委以支撑经济社会发展的重任。短时间、高强度、大规模占用煤炭资源发展煤化工产业,既影响电力等行业的平稳发展,也加速了煤炭资源消耗,不利于煤炭工业可持续发展。同时,仓促上马尚未实现大规模工业化的煤制油品和烯烃项目,投资风险较大,也会给产业健康发展埋下隐患。

4.煤炭工业发展对环境造成的影响不容乐观。有反对者提出,天天讲人与自然的和谐发展,一进入鄂尔多斯市采煤区,都不敢穿浅色的衣服,到处都是煤灰,呼吸困难,呛眼睛。目前,"金三角"地区的采煤区虽然环境已经得到了有效治理,企业基本上能够做到遵守国家环境保护、节能减排的有关法律法规,但是,环境恶化的趋势并未得到根本遏制。由于环境污染,许多居民染上了各种各样的疾病,牲畜中如羊得了"长齿病",啃不上草,痛苦地死去,长期的开采使得许多山体被淘空,山顶的村庄逐渐开始沉陷。墙壁开裂、窑洞坍塌、水脉被断、水井枯竭,采空区面积不断增大导致包头市石拐矿区的居民有1/3已经选择异地搬迁或由政府妥为安置。

四、政府的态度:总体认可

在2007年呼、包、鄂"金三角"经济工作会议上,自治区发改委的负责同志指出,要高度重视煤化工产业发展工作,深刻认识盲目发展的危害性,认清形势、准确把握产业发展方向。用科学发展观统领产业发展全局,综合平衡各方面因素,深入开展科学论证,广泛听取各方面意见,正确处理产业发展速度、规模与资源、生态环境承受能力的关系,谨慎决策煤化工项目的建设,努力实现经济社会和谐发展。可见政府的态度是总体认可,在处理好发展速度和生态环境保护的前提下可以发展。但结果如何还要经过实践的检验。

编写人:中央民族大学2006级MPA研究生

内蒙古包头市青山区政府　李冈

讨论问题:

1. 在西部地区的发展中如何处理产业发展与环境保护的关系?
2. 政府在决策中应通过什么程序听取专家的意见?
3. 你认为"金三角"发展煤化工产业是否可行?

案例 16

万尾金滩景区管理权之争

引言:2000 年人口普查资料显示,我国京族总人口为2.25 万人,主要分布在广西防城港市下辖的江平镇等地,其中有近一半人口聚居在江平镇的巫头、万尾、山心这三个相连的岛屿上,因此被称为京族三岛。京族旅游度假区就位于东兴市江平镇的万尾村,是当地著名的旅游景区之一。然而围绕着万尾景区的管理权问题却发生了一场争执。

一、万尾景区得天独厚的旅游条件

京族地区濒临北部湾,位于祖国南大门的海防线上,与越南的万柱等地隔海相望。京岛地处亚热带,全年最高气温不超过摄氏 34℃,最低在 3℃以上,平均温度在 21.5～23.3℃,年降雨量达 1300 毫米。四季如春,是个避暑胜地。北部湾是南海最大的海湾,沿海地区河流纵横,加上气候、水温适宜,是我国著名的渔场之一。同时,北部湾纬度低、水位浅,日照强及蒸发量大,是开辟盐场的极佳地点。

京族人民世代以渔业和盐业为生。京族地区的海拔在 20 米左右,而万尾的海拔不超过 10 米,是由海水冲积而成的沙岛。土壤中含沙量高,只适宜种植红薯、芋头、玉米、花生和豆类等耐旱作物,果树以种植荔枝、龙眼、菠萝蜜、木瓜和黄皮等热带、亚热带果树为主。京族三岛既沿边又靠海,其特殊的地理位置为京族人民脱贫致富提供了良好的条件。20 世纪 80 年代以来，随着中越两国的关系日益和缓，两国的边境贸易发展迅速，边境贸易成了京族三岛的支柱产业。通过发展边贸、海水养殖，京族人民很快就过上了富裕的生活。据不完全统计，1996 年京族三岛的人均纯收入分别是：巫头 6000 元，万尾 2660 元，山心 4334 元。

二、京族的民族与文化特色

在长期的生产劳动中，京族人民形成了有着鲜明渔业特色的民族文化和风俗。

语言 京族有本民族语言，与越南语言基本相同，但没有本民族的文字。从 15 世纪开始，越南用汉字的构字方法创制的"喃字"，也在京族地区流传使用。如唱哈歌本、经书、族谱和乡约等，除了基本使用汉字外，也间杂了一些"喃字"。

歌舞 京族人民喜爱唱歌，歌的调子约有 30 多种，内容丰富，有长篇叙事歌、生产劳动歌、情歌、风俗歌和宗教歌等。大多数歌曲是在生产生活中随意创作，无固定范本。长篇叙事歌中，有叙述民族迁徙和贫困生活情景的，具有较高的历史价值。哈歌是指"唱哈节"中歌手们所唱的歌。哈歌内容丰富，多有歌本流传。

京族的舞蹈，一般在唱哈节时才表演。传统的舞蹈有《跳天灯》、《花棍舞》和《摇船舞》等，具有浓郁的渔民生活气息。

京族的戏剧，简称为"嘲剧"。传统剧目有《阮文龙英勇杀敌》、《等红娘》等。

京族特有的乐器是独弦琴。独弦琴结构简单，以竹筒作琴身，在琴左侧钉上一条小柱，柱上系上一条弦线，由高至低拉向右侧，演奏时用左手按着小柱，右手以小竹片弹拨，能够奏出四个音和装饰音、长颤音。琴音和着曲调，音色十分幽雅。

节庆 "唱哈节"是京族最隆重的传统节日。唱哈，京语意为唱歌。唱哈节的日期各村不统一。巫头、万尾为农历六月初十,山心为八月初十。唱哈节在哈亭内举行。节日来临前,家家户户打扫庭院,以迎接宾客。节日当天,男女老少身穿民族服装,云集哈亭,举行迎海神祭祀祖宗的活动,以祈保生产丰收,牲畜兴旺。仪式结束后,人们一边设宴喝酒,一边听歌看舞,持续三天三夜。

服饰 京族的服装相对简单,别具特色。男子喜穿长至膝盖的窄袖袒胸上衣,长而宽的裤子,束带。妇女上身内挂一块菱形的抹胸,外穿一件窄袖紧身、对胸开襟的无领短上衣,下身穿长而宽的黑色或褐色裤子。外出时,加穿一件窄袖的白色长外衣。

饮食 京族以大米为主粮,玉米、番薯和芋头为杂粮。肉食以鱼虾居多,过节喜欢吃糯米饭和糯米糖粥。特色食品为当地自制的"鱼露"。

三、旅游发展的交通条件

京族三岛所处地理位置特殊,有着得天独厚的交通条件。

陆路方面:京族三岛地处我国南部边疆,是海疆和陆疆的连接处。紧临京族三岛的竹山村,是中越界河北仑河的出海口。竹山是广西边境公路的起点,边境公路沿着东兴市、防城区、宁明县、凭祥市、龙州县、大新县、靖西县的边境,一直延伸至那坡县城。沿边公路将广西与越南的口岸、边贸点和边境城镇连通。竹山村和京族三岛,是中国海岸的起点,往东的海岸线上,有防城港、钦州和北海等海滨城市,均有高速公路连接。京族地区的东兴至防城一级公路,与桂(林)海(北海)高速公路相连,往西是西南出海大通道,往东连接东南沿海发达省市。

海路方面:京族背靠大陆,面向北部湾,与越南海陆相通,且与东盟其他国家如菲律宾、印度尼西亚、新加坡、马来西亚、泰国、柬埔寨和缅甸海路相通,能享受中国西南出海大通道带来的政策优惠。

四、旅游发展的情况

1996 年,万尾的旅游业逐渐发展起来。随着"京岛旅游度假区"的开发,各项基础设施建设都陆续到位,位于金滩旁边的万尾村凭借其得天独厚的地理位置,旅游业发展胜于其余二岛。万尾村总面积为 13.7 平方公里,适合旅游的海岸线共有 13 公里。据统计,全村共 1002 户,4042 人,其中京族 2875 人,约占 71%。2002 年万尾统计的从事旅游职业的人数为 600 人,全部旅游收入约 5000 万元人民币。万尾村的旅游业由万尾村委会下属的旅游指挥部进行管理,负责旅游景点的管理及村民间利益关系的协调。由旅游业所提供的相关职业主要有:

做旅馆生意 万尾村先富起来的一部分人做起了房地产生意,他们建楼房,用于做旅馆生意,或将楼房租给外地人。例如名利旅店的老板原来靠做边贸发了家,后来转向风险相对较小的房地产业。万尾原来的地价非常便宜,他通过买地建房出租给外地人,赚了不少钱,后投资兴建旅馆,进军旅游界。目前,万尾的家庭旅馆业尚处于发展的初期,外地游客大多选择在东兴市住宿,到万尾住宿少量旅游者中,多数为回头客或区内短途游客。而且旅馆业对住宿价格没有统一的标准,10 元~30 元/人夜不等,游客可以讨价还价。这些因素都导致了万尾旅馆业发展缓慢,收入不高。

出租太阳伞 万尾村在金滩设了 80 个出租太阳伞的摊位,按三个生产队来分配。每个摊位交 60 元~80 元/月的管理费。但真正由本地人经营的并不多,很多村民直接把摊位转租给亲戚或外地人经营,转让费为 300元/月,视摊位位置的好坏而略有增减。夏秋两季是出租太阳伞的黄金季节,同时这一季节是歇鱼期,有一部分村民自己经营摊位或与别人合作,按收入来分成。每出租一个太阳伞收 10 元,游泳圈 5 元/个,近两年,金滩的名气在广西区内逐渐扩大,平均每年游客量有 40 多万,出租太阳伞一年的纯利可达 7000 元。

开海鲜餐馆 沿金滩街道的两旁,开了 20 多家海鲜餐馆。有一部分是本地人开的,但也有很大的一部分是外地人做的。这些餐馆夜晚生意异常火爆,海鲜价格比市场卖的价格略高,有的还提供卡拉OK服务,有许多本地人专程到万尾吃海鲜,店家一年的纯利可达万元以上,在万尾与旅游相关的职业当中,开餐馆可以算是盈利最多的。

经营旅游小商店　旅游小商店主要集中在通往金滩的街道两旁,主要以出售泳衣及小手工艺品。大约有33户村民做此类生意。泳衣的销量不错,外地游客也喜欢购买一些海螺等工艺品做纪念。

从事旅游运输　万尾村没有公共汽车,现为游客提供的主要交通工具为三轮车及微型车,起步价为1元/人,视距离长短来收费。

从事宾馆服务在京岛旅游度假区的酒店里工作的宾馆服务员,有一部分是来自的当地的村民,但绝大部分的服务人员来自外地。

五、旅游发展中的问题:旅游收入增长缓慢

20世纪90年代初中越两国的边境贸易开始恢复,京族人利用自己既懂汉语又通越语、对两国的商品情况有一定了解的优势,从中介人开始做起,发展到自己做老板。在万尾村参加边境贸易的有300多户,每户平均年收入约2万元,仅边贸收入,全村每年约收入1000万元。另外,海洋捕捞和养殖也增加了村民的收入。在万尾村有250多户参加海蜇的捕捞,有100多户从事海蜇加工,户均收入可达7440元。可以说,许多京族人在职业上完成了从传统渔民到商人的转变,万尾村大部分居民主要从事边贸和海水捕捞、养殖及海产品加工等职业。在这样一个比较高的职业起点上转向旅游职业角色,需要一个很大的推动力。这几年边贸政策有所调整,两国市场趋于饱和,边贸生意没有以前红火,村民们急于寻找新的商机,旅游区的开发为他们提供了新的契机。现在的主要问题是,京族三岛的旅游业刚发展不久,可向当地居民提供的职业大部分档次较低,既辛苦又赚钱不多。从事旅游业被当地人看作是没有本事赚钱的人才从事的职业,所以很多居民转手就把分到的摊位租出去。很多人对旅游业持观望态度,若前景良好,则进

行金额较大的投资。目前京族三岛发展旅游业的主要目的是保护和传承京族的文化风情，旅游开发前后居民的收入情况并没有多大变化。万尾村的人均年收入为：1997 年 2990 元，1998 年 3040 元，1999 年 3640 元，2000 年 3800 元，2001 年 3704 元，2002 年 4325 元，2005 年 4950 元，2006 年 5150元。从 1997 至 2006 十年间人均年收入的增加不到一倍。由于目前旅游业投入大产出少，资金主要用在基础设施建设上，村民参与旅游业的积极性并不高。只有当景区向成熟阶段过渡、游客增多、旅游收益良好时，才有可能吸引更多的村民进入到旅游业。旅游收益不高成为万尾居民参与旅游业最主要的障碍。

六、景区管理权责不明

万尾金滩旅游发展缓慢是导致旅游收益不高的主要原因，而金滩景区管理权的混乱是万尾旅游发展缓慢的直接原因。万尾金滩在地理位置上属于东兴市的辖区，但万尾金滩的管理权并没有纳入东兴旅游局，而是由防城港市旅游局进行管理。防城港市旅游局在万尾京族旅游度假区设立旅游管理委员会，是独立于万尾村委会的一个管理机构。

万尾京族旅游度假村的管理权由防城港市旅游局管理，有其历史及现实的原因。首先，历史的原因。1958 年 5 月 1 日，成立东兴各族自治县，属广东省管辖。1965 年东兴各族自治县划归广西管辖。1978 年 12 月 25 日东兴各族自治县更名为防城各族自治县。1993 年 5 月 23 日，国务院批准，撤销防城各族自治县，设立防城港市（地级）、港口区、防城区，将钦州地区的上思县划归防城港市，即：撤销防城各族自治县和防城港区，设立地级防城港市和港口区、防城区，原防城各族自治县划分为防城区和东兴经济开发区（县级）。1996 年 4 月 29 日，民政部批准（民行批〔1996〕26 号）设立东兴市（县级），以防城港市防城区的东兴、江平、马路 3 个镇的行政区域为东兴市的行政区域，市人民政府驻东兴镇。截至 2005 年 12 月 31 日，防城港市辖 2 个市辖区、1 个县，代管 1 个县级市。从行政区划的历史沿革可以看出,京族旅游度假区由防城港市而非由东兴市进行管理有其一定的依据。

其次,现实的原因也是最重要的原因,是由京族旅游度假区在当地旅游事业发展中占据的重要地位所决定的。它是当地功能齐全、发展潜力较大的景区,能为旅游局带来直接的经济利益;而当地已开发的旅游景区不多,具有相当吸引力的几乎没有。这是防城港市牢牢把握京族旅游度假区最直接的原因。

然而,直接体现防城港市旅游局对万尾京族旅游度假区管理职能的万尾旅游管理委员会,却陷入了一个非常难堪的局面。

东兴市旅游局不满意　京族三岛是东兴市辖区内最主要的旅游景点,距离东兴市大约 20 分钟的路程,东兴市旅游局当然非常希望把这个金饽饽纳入自己的口袋,但由于历史的原因,京族旅游度假区由辖区之外的防城港市旅游局进行管辖。东兴市旅游局对京岛旅游度假区的发展没有规划权。

万尾村委会不乐意　京族旅游度假区的核心景点金滩位于万尾村,是村委管辖的范围。而且实际上,万尾村就是京族旅游度假区的构成部分。因此存在着村委会与管委会的权限之争。村里的生产、生活等建设项目,也都同时属于旅游开发项目,得经过管委会的同意。这样无形中就形成了村委会的权限要低于管委会,这对于村委会而言是不乐意的,甚至是相当恼火的。另外,管委会在万尾村设立了景区门票收费处,其所得收入村委会无权参与,这在一定程度上损害了村委会的利益,因此,村委会不赞成景区收取门票费用。

村民不愿意　村委会与管委会的权限之争,必然会导致村民对管委会产生抵触心理。村委会是村民集体选举产生,是村民集体利益的代表者。因此,管委会与村委会权限之争,其结果是村民反对并孤立管委会,增加了管委会的管理成本。

万委景区到底该归谁管理,景区下一步应如何发展?

编写人:中央民族大学 2006 级 MPA 研究生

中央民族大学成教学院　韩玮玮

讨论问题:

1.多重管理权的存在,对景区及管理部门有什么不利的影响?

2.如何进行管理权重置才有利于节省行政成本,有利于景区的发展。

案例 17

坎儿井油气污染治理

引言:坎儿井是古代新疆人创造的地下水利灌溉工程,是绿洲的生命之源,被干旱缺水的吐鲁番人称为"母亲河"。吐哈油田主体位于吐鲁番盆地,多年来始终坚持"安全第一,环保优先,以人为本"的安全环保理念,不断加大投入,杜绝环境污染事故的发生。1997年4月,吐鲁番地区鄯善县七克台镇韩吉坎儿井发生油气污染事件,引起各方高度重视。十年来,各级地方政府和吐哈油田采取大量有效措施,为寻找污染源、消除污染、维护民族同胞利益作出了不懈的努力。

一、问题的由来

1997年4月16日,吐鲁番地区鄯善县七克台镇四大队五小队农民发现韩吉坎儿井出口水面上漂有油花,整条坎儿井伴有油气味,随后告知当时吐哈石油勘探开发指挥部温米作业区,并报告油田有关部门。

作为一贯高度重视环保工作,尤其是地下水保护的吐哈油田,得知这一消息后,立即组织开展污染调查治理工作,成立了韩吉坎儿井调查污染治理领导小组,由油田主管领导挂帅,下设两个小组。管理组由质量安全环保处、生产运行处、总经理办公室、温米采油厂组成,并邀请地方相关部门人员和当地村民,负责韩吉坎儿井地面污染调查的组织工作、对外协调工作、农民安抚工作和解决突发性事件工作。技术组由勘探处、开发处、研究院、钻采研究院、温米采油厂组成,负责从地质、油藏方面进行研究,拿出确凿的数据和证据,得出可靠、准确的结论性意见,以指导油田采取有效措施对韩吉坎儿井进行治理。

同时,该事件引起媒体高度重视,该污染事件经《中国环境报》等媒体曝光后,引起当时任国务院副总理的邹家华同志及国家环保局、中油集团公司、新疆维吾尔自治区人民政府等各级领导和部门的高度重视,并做了重要批示。

二、寻找污染源

经油田有关人员踏勘现场,分析认为可能是温米轻烃装置外输管线或污水排放池有泄漏所致。

1997 年 4 月 29 日,组织人员全部挖出站内油气外输管线和污水管线,同时对联合站外墙进行开挖检查,无泄漏。

1997 年 5 月 4 日,对温十计输至联合站的 6 条跨越坎儿井的管线(长为 120 米)全部开挖检查,无泄漏。

1997 年 5 月 29 日,自治区环境保护局与吐鲁番地区行署组成调查组,对吐哈油田发生油气泄漏造成鄯善县七克台镇七克台村坎儿井水污染事故进行调查。

通过多次下坎儿井和对周围管线的分析。并对温米油田自投入开发以来的 133 口油井和 86 口水井的资料进行了调查分析,未发现疑点,排除了油田开发地面油气对韩吉坎儿井造成污染的可能。

随后对邻近但未投入生产的报废井——温 4 井进行了分析,大家认为有必要从温 4 井做工作。

1997 年 6 月 19 日,由物探局一处山地队在温 4 井和坎儿井之间打观察井。在温 4 井西侧打 4 眼深井(15 米左右),在温 4 井东边、坎儿井西侧打井 6 眼(井深 20 米左右),10 眼竖井均有油气味,因地层垮塌而未能继续往下打。

1997 年 6 月 24 日,讨论温 4 井的封井方案。6 月 25 日向自治区环保局谢志强副局长及地矿局杨志勋高级工程师等进行了汇报,专家组同意封堵温 4 井。

1997 年 8 月 6 日,由井下作业 6 队对温 4 井进行了再次固井作业,打水泥塞 28m。温 4 井固井后,从 8 月 6 日以后对坎儿井取样分析的数据中看出,坎儿井水中石油类从最高 0.5mg/l 下降至平均 0.08mg/l。

根据自治区水利厅专家的要求,在温 4 井南部约 50 米处打了两口观察水井(浅层、深层各一口),深度为 300 米、120 米。

同时,通过对坎儿井的油样、土壤样和七克台南山油样、土壤样,温米联合站原油、轻烃、液化气全样进行分析对比。得出结论:一是坎儿井井壁油砂从其残余部分全烃色谱分析结果看,类似于凝析油;二是坎儿井井壁与七克台 1 号井全烃色谱图形形态差别较大,可判断不是来自同一油源。

为进一步查清污染隐患,2005 年 8 月,油田公司投资 15 万元,开挖 3 口观察竖井,为进一步认识、分析和查找坎儿井污染源提供重要数据。

2005 年 11 月 5 日,第一口人工开挖竖井挖至 23 米时,出现大量的油气,通风后继续挖至 25 米出水,人工下井取气、水样。11 月 18 日,第二口人工开挖竖井挖至 24 米时,出现油气,由于油气浓度较高,人无法下去取样。11 月 28 日,第三口人工开挖竖井挖至 30 米时未见气,而出了水,并取样进行了分析。

以上监测结果与附近油水井油、气、水样对比表明,可判断不是来自同一油、气源。

2007 年 5 月,吐哈油田多次组织地质、油藏专家研究油气泄漏原因,认为坎儿井的油气属于水西沟群煤成烃,在温吉桑构造带晚喜山期经历了剧烈的变动,一部分深层埋藏的油气沿活动断裂向上和侧向运移,在浅层葡萄沟组形成次生小油藏,这些油藏主要分布在断裂两侧,受岩性控制,在构造活动期断裂张开,油气向上运移露出地表。

三、污染治理

韩吉坎儿井发生污染后,吐哈油田温米作业区用罐车给农民供水,为保证农民的生活用水,从温米联合站接了约4.5公里的水管线,给32户农民家中安装了自来水,保证了农民生产、生活用水安全。同时,吐哈油田出资30万元用于给农民打两眼机井,并承担水井抽水每年的电费(8万元/年)以长期解决农民的饮水问题。

2000年8月25日,《吐哈油田鄯丘温米油田环境影响回顾评价报告书》通过自治区评审。

2000年9月,油田投资31.15万元,又对坎儿井污染井段进行封固,改道重新开挖竖井7口,涵洞306米,经过治理,基本满足了当地村民的生产和生活需求。

2006年8月,公司又投资280多万元,对温4井再一次进行了逐层测试和封固,彻底排除了该井对坎儿井的影响。

四、治理成果

1997年12月15日,自治区人民政府在乌鲁木齐主持召开韩吉坎儿井污染调查总结会,对吐哈油田韩吉坎儿井水污染调查治理工作给予了肯定。

2000年5月,中国石油天然气集团公司技术监督与安全环保局邀请《中国环境报》记者对坎儿井污染治理进行回访,同时走访了油田有关部门和单位,深入了解了吐哈油田的发展和环保工作情况,在该报上发表了《吐哈唱出绿色的歌》署名文章,再一次肯定了吐哈油田环保工作和坎儿井污染治理工作。

经过吐哈油田和当地政府长期的努力,近几年来,坎儿井冬季基本没有油气显示,但夏季坎儿井出口水中则会不同程度出现油气味,水表面漂浮少量油花。

五、解决方案

方案一:坎儿井水源替换

吐哈油田公司出资给村民打一口水井(或者利用现有的两口水井),将水用管线输至坎儿井出口池塘,用于农田灌溉,替代该坎儿井灌溉水。按照该坎儿井现在的水量由公司长期补助电费。原坎儿井被污染的水从上部截流,引入该坎儿井出口西侧约 1 公里的空闲地带。为减少水资源浪费,新建1000 方蓄水池,经收油处理达到工业用水标准后用管线输至温米联合站,回用于生产。

方案二:坎儿井再次改道

在该坎儿井污染段东、南、西、北每隔 50 米挖一口观察竖井,直到探明无油气污染地段后,确定污染范围,将该坎儿井从安全地段再次改道,避开污染源。

方案三:隔离污染段

对韩吉坎儿井污染段实施隔离措施,在该坎儿井污染井段内敷设DN500 的 PC 波纹软管或 DN400 铸铁管,利用管道将水与周围污染源隔开,在污染段(长约 1 公里)采用喉管通过,喉管前后设置沉沙池,污染段打开两口竖井,以利于污染段气体的挥发,封隔污染源,并保持该坎儿井继续农灌。

目前,吐哈油田正在积极与各方进行协调,预计该问题将在今年得到妥善解决,为坎儿井污染治理工作划上一个圆满的句号。

编写人:中央民族大学 2006 级 MPA 研究生

中国石油吐哈油田公司   叶世华

讨论问题：

1. 在少数民族地区经济建设过程中,如何杜绝环境污染事故的发生,维护民族同胞的利益?
2. 吐哈油田公司在这起坎儿井污染事件中是否尽到了企业责任?
3. 从这起事件中,你认为企业应该如何履行社会责任,实现企业与地方的和谐相处?

附录：相关资料

资料 1：坎儿井介绍

坎儿井是古代新疆人创造的地下水利灌溉工程,早在 2000 年前的汉代就已经出现雏形,以后传到中亚和波斯。吐鲁番地区共有坎儿井 1100 多道,年径流量达 2.94 亿立方米,它是绿洲的生命之源。

坎儿井是根据吐鲁番盆地地理条件及水量蒸发特点,利用地面坡度引用地下水灌溉农田,它由明渠、暗渠、竖井和涝坝四个部分组成。每条坎儿井的长短各不相同,长的可达 20 公里,短的只有 100 米左右。最古老的坎儿井是吐尔坎儿孜,它位于吐鲁番市恰特卡勒乡庄子村,全长 3.5 公里,日水量可浇 20 亩地,至今已使用了 470 多年了。

坎儿井的历史源远流长。汉代在今陕西关中就有挖掘地下窖井技术的创造,称"井渠法"。汉通西域后,塞外乏水且沙土较松易崩,就将"井渠法"取水方法传授给了当地人民,后经各族人民的辛勤劳作,逐渐趋于完善,发展为适合新疆条件的坎儿井。吐鲁番现存的坎儿井多为清代以来陆续兴建的。据史料记载,由于清政府的倡导和屯垦措施的采用,坎儿井曾得到大量发展。清末因坚决禁烟而遭贬并充军新疆的爱国大臣林则徐在吐鲁番时,对坎儿井大为赞赏。1845 年(清道光二十五年)正月,林则徐赴天山以南履勘垦地,途经吐鲁番县城,在当天日记中写道："见沿途多土坑,询其名,曰'卡井'能引水横流者,由南而弱,渐引渐高,水从土中穿穴而行,诚不可思议之事！"坎儿井的清泉浇灌滋润吐鲁番的大地，使火洲戈壁变成绿洲良田，生产出驰名中外的葡萄、瓜果和粮食、棉花、油料等。现在，尽管吐鲁番已新修了大渠、水库，但是，坎儿井在现代化建设中仍发挥着生命之泉的特殊作用。

资料2：吐哈油田公司环保工作情况

近年来，吐哈油田公司坚持推行环境管理体系，以科技为先导，以设施为基础，积极开展环境友好型、资源节约型企业创建活动，取得了较好成绩。一是狠抓建设项目环境过程管理，实现污染全过程控制。公司从项目的可行性论证抓起，主动切入，在环评资质、方案设计、施工管理和竣工验收等各个环节上严格把关。组织完成了丘东第二气处理厂等7个项目的环境保护设施竣工验收监测，完成了红连-鄯善输油管线等11个项目的环境影响评价，以及2000年以来建设项目环境影响评价和"三同时"执行情况排查，公司建设项目环境影响评价及"三同时"执行率达到100%。二是细致开展污染源调查，明晰环保现状。公司成立了污染源调查领导小组和技术小组，认真编制了调查方案，历时三个多月，基本查清了油田污染物排放现状，细致评价了污染危害和影响，找出了公司在污染治理中存在的问题，制定了污染治理方案和保证措施，为做好油田污染治理提供了科学依据。三是加强监督检查，杜绝环境污染事故。对公司工业废水处理设施、重点排污口、废渣排放处置场进行了规范化整治；严格执行钻井、井下作业环保交接书制度，对特殊敏感区钻井、井下作业进行验收；开展油田区域污染治理及环保联合检查活动，并将检查评比结果纳入各单位业绩考核之中。四是污染防治工作稳步推进，环保业绩指标全面完成。公司投入3000多万元，对"三废"进行了全面治理，收到良好效果，为创建国家"环境友好企业"、开展循环经济建设奠定了良好的基础。废气治理方面，随着火炬系统的完善、丘东二厂和广汇LNG工程等天然气利用项目的投运，油田火炬基本消灭，天然气得到充分利用，废气排放量大幅减少。污水处理方面，鄯善、温米、丘陵、红连四套污水处理装置年处理量达到260万吨，油田采油废水全部实现回注；巴喀原稳厂、甲醇厂污水生态处理工程充分发挥作用，21 万吨井下作业废水、化工废水全部生态处理；红连、神泉等油田干化池处理工业废水约 30 万吨，节约处理成本近 500 万元。油田废污泥处理方面，油田清罐污泥、丘陵废液池、鄯善干化池等污泥全部回收利用，杜绝了二次污染。吐哈油田公司多次被评为中国石油天然气股份有限公司节能节水型先进企业和新疆维吾尔自治区"环境友好企业"。

案例 18

谁管"县"事

引言:2006 年的中央"一号文件"明确提出,"有条件的地方可以加快推进'省直管县'财政管理体制的改革";在 2007年 3 月的全国人大和政协会上,一些人大代表和政协委员相继提出"省管县"改革的建议,并将其提到行政改革的层面;"十一五"规划中,也明确提出要"理顺省级以下财政管理体制,有条件的地方可实行省级直接对县的管理体制"。一时间,"省管县"再次成为人们关注的焦点。

一、"省管县"先从财政入手

新中国成立后,"省管县"曾是地方财政分配的一种主要形式。20 世纪90 年代,随着分税制的确立,"市管县"逐渐成为地方财政分配的又一模式。财政意义上的"省管县"和"市管县",主要指在财政体制上的两种安排,即县级财政的管辖权是直接归省里还是归地级市。这里的财政管辖权包括财政的税收分成比例及其他税收安排的制定,也包括财政税收的收支结算。眼下所讲的"省管县"财政体制,就是在维持现行行政隶属关系、确保各级既得利益的基础上,改变原来"市管县"的财政管理模式,将县财政划归省财政直接管理,除财政收支划分范围不调整外,种类补助(上解)、资金调拨等由省财政直接和县财政结算。近年来,一些省份在这方面进行了有益的探索,有的实行了"省管县"财政体制的模式或试点,有的在强县扩权方面迈出了关键的一步。浙江是"省管县"的成功实践者,从 2002 年 8 月起把地区一级的经济管理权限直接下放给 20 个县区,县财政对省负责。浙江之后,多个省份先后跟进,目前实行财政"省管县"的省份有浙江、湖北、安徽、吉林、海南、宁夏等,如果算上"强县扩权"试点,则更有河北、河南、广东、江苏、辽宁、山东、福建、湖南等省的参与。

许多学者撰文指出,财政"省管县"与"市管县"相比具有明显的优点:有利于减少管理层次;有利于缓解县级财政困难,促进县域经济的发展。"省管县"后,省财政直接结算到县,既避免了市级集中县财力的"市刮县"问题,又可使县级财政困难直接反馈到省财政,这样,一方面由于县级财政留成比例增加,可以使县里集中更多的财力发展县域经济;另一方面,由于减少了市级管理层次,可以大大降低行政管理成本,从而减轻农民负担。

二、"省管县"从财政到行政

当许多省市实施"省管县"财政体制并在一些定范围达成共识后,对县级政权更大层面的"扩权"已然慢慢凝聚起相关的理论与认知基础。有关人士认为,发展县域经济、统筹解决"三农"问题,应该适时推进行政体制改革,即减少政府层级,实行完全意义上的"省管县"架构。随着我国市场经济体制确立,民主法制建设的推进,以及现代信息技术、网络技术及电子政务的发展,现代政府的行政管理能力不断增强,自然扩大了省一级政府的有效管理幅度,为地方政府体制结构减少层级奠定了基础。还有专家指出"市管城市、县管乡村"体制的改革目标,认为应与"镇管小城镇、乡管农村"体制一道成为中国省以下行政体制改革的两条路径。

据《瞭望》周刊报道,一位县委书记表示,现在他至少得用 1/3 的精力来接待市领导和各种部门的检查,位居我国五级政府架构中第三层级的地级市,正处于一个尴尬的境地。有专家认为,鉴于地级市这一层级的现状和发展县域经济的要求,可考虑从实行行政"省管县"入手推进行政管理层级的压缩和改革。

在全国政协十届四次会议上,全国政协委员赵秀云提出"省管县"的三步走战略:首先赋予县相当于地级市的经济和社会管理审批权,在财政和审批体制上形成"兄弟"关系;第二步,在条件成熟的地方二者脱钩,直接由省管县,保留地级市的行政级别不变,但其主要职能将集中用于所在城市的建设和管理上;第三步,在一些经济发达和地位重要的中心城市,实现中央直辖,用增加直辖市的办法,缩小省的管理范围。一些专家认为,"重庆模式"对这一步改革具有借鉴意义。重庆市直辖以后,通过两次行政管理体制的调整,撤销了由四川省划过来的 3 个地市级中间管理层次,实现了重庆市对 40 个区县的直接管理,减少了大量机构和编制,降低了行政管理成本。目前全国财政供养人口比例为 35:1,而重庆市为 52:1,由此每年节约的财政支出就达 32 亿元。

全国人大代表李钟熙认为,从财政"省管县"到行政"省管县",这是大势所趋。"市管县"的意图应该是城市带动县城发展,但是,有的城市没有这个带动能力。如果中心城市经济很发达,比如那些沿海城市,这个问题不明显,但是,如果中心城市欠发达、很落后,这个问题就很突出。整理县资源,"支援"市资源,这个思路不现实。县城是联系城市和农村的中间环节,应该注重县城经济发展,带动城市和乡村。

中央党校研究室教授周天勇认为,"省管县"体制肯定是大势所趋。一方面,这样才符合我国宪法所确定的省、县、乡三级行政区划层级规定,也符合城乡分治的国际惯例;另一方面,以省辖替代市辖,减少了行政层级,降低了行政成本。从目前看来,这场改革不能对层级刻意划一,要考虑地区特殊性。应先在经济较发达、省域面积处于中小程度且改革呼声比较强烈的地方试点。中国的改革到了今天,制度的变革和进步很可能不会再表现得轰轰烈烈、疾风暴雨。新体制的建立更多的是一个渐进的过程,需要理性务实的分析和利弊权衡,乃至对关键部位细节安排的周全考虑。尽管摸着石头过河难免有失误,但若在体制建设上"大翻个",今天全盘否定昨天,明天又轻易否定今天,则一定很难成功。

三、"省管县"引爆新一轮体制之争

"省管县"关系到我国行政体制的改革问题,由此引发了一轮新的争论。有人认为"省管县"存在以下的弊端:一是鞭长莫及,管理幅度的扩大,给省级财政管理增加了压力。二是行政管理与财政管理不一致。目前,我国地方行政构架是省管市、市管县,而财政实行省管县,这样行政管理体制和财政体制就不可避免地出现了摩擦:一方面,市县财政平级,而在行政上,县级仍隶属于市级管辖,市级事权仍覆盖全市,明显超出财权所能承载的范围,市级财权与事权明显不对称;另一方面,从财政的性质来看,财政只能是为一定的政权服务,是依附于行政体制的一种资源配置方式,而作为与行政权相匹配的财政权的架空,无疑会直接影响到市级行政管理权的实施。因此,如何实现行政管理体制和财政管理体制的协调一致,是实行"省管县"财政体制改革后值得研究的重要问题。

全国人大代表刘永忠表示,在中国要实行这种中央到省再到县的三级行政体制,相对很难。一是因为中国很大,各个省面积也很大,一个省要管那么多县,恐怕很有难度。另一个问题在于,由于推行"省管县"涉及到整个国家的体制问题,而目前国家的行政管理并没有改变"市管县"的体制,所以,目前只能从财政的角度来突破,行政管理体制的改革还是处在探讨过程之中,没有具体的做法。浙江省经贸委副主任周日星对此有相似的看法,认为实行"省县制"二级体制应是一种趋势,但要先论证立法,后组织实施。由于行政体制改革涉及到行政区划、事权、财权等的调整,关系重大,因此可先从政府的一些职能转变入手渐渐深入。

"市管县"是现实的需要。我国"市管县"体制是时代发展的需要,是在中国特定的政治经济环境下,在传统计划经济体制向社会主义市场经济体制转轨过程中形成的,具有历史适应性。

第一,"市管县"体制增加了政治领导的组织力。在我们幅员辽阔、人口众多的中国,由于物质条件和自治能力的限制,管理幅度狭窄,在省与县之间,增加管理层次,达到了增加管理力度的作用。

第二,"市管县"体制"实化"了省与县之间的"地区层次",解决了"地区层次"缺乏法律主体地位的尴尬局面,使之变为"一级政府"。长期以来,地区行署虽然在很大程度上承担了一级政府的工作任务,但其不具有相应的法律地位。"地区"没有地方权力机关,地区的国民经济、社会发展计划、财政预算以及行署官员的任免得不到人民代表大会权力机关的批准,政府工作也缺乏必要的监督。实行"市管县"体制后,省县之间的"地区层次"由虚变实,市的重大决策、人事安排等都有人大的批准和监督;同时,其税收、财政也在一定的制度规定下实现了与省、中央的合理分割,形成了真正意义上的地方财政。

第三,"市管县"体制使中心城市有了较大的发展腹地,推动了工业化和城镇化进程。促进了区域经济协作发展,为中心城市保障了当时的"菜篮子"、"米袋子",提供了工业原材料,推动了工业化发展,集中力量推动了城镇化,同时中心城市发挥经济的辐射带动作用,支持农村经济的发展。

编写人:中央民族大学 2006 级 MPA 研究生

山东省潍坊市公安局　张伟强

讨论问题:

1. 你认为我国目前应实行"省管县"还是"市管县"?
2. 如何处理管理幅度与管理层次之间的矛盾?
3. 如何实现"市管县"到"省管县"的回归?

附录

"市管县"体制形成的一个历史过程

1949 年新中国成立后不久,为了保证城市蔬菜等副食品的供应,天津、无锡、常州、北京和上海等大城市自发地领导起周围的县。

1950 年 10 月,旅大行署改为旅大市,为东北行政区直辖市,下辖旅顺市和金县、长山县,正式开创全国"市管县"的先河。

1959 年 9 月,为了密切城市和农村的联系,促进工农业的相互支持,便于劳动力调配,全国人大常委会发布了《关于直辖市和较大的市可以领导县、自治县的决定》,"市管县"得以迅速推广。

1982 年,为了促进城乡经济共同发展,中央决定推行市领导县体制,发出《关于改革地区体制,实行市管县的通知》,"市管县"被推向新的高潮。

到 2004 年底,全国 334 个地级行政区划单位中,已有 269 个"市管县"形式的地级市,"市管县"体制下的地级市所领导的县占全国总数的 80% 以上。

宪法规定,我国地方政府管理层次为"三级",即"省、自治区、直辖市;自治州、县、自治县、市;乡、民族乡、镇"。在省与县之间没有"中间层次"。实行地级市管县体制的法律依据大都来源于宪法第三十条规定的"直辖市和较大的市分为区、县,自治州分为县、市"。但究竟什么是"较大的市"?国务院曾经批准青岛、徐州、唐山、齐齐哈尔、淄博等 18 个市为"较大的市",如果加上自然成为"较大的市"的 28 个省会城市,"较大的市"共计 46 个。因此,只有 46 个"较大的市"和 4 个直辖市依据宪法可以实行"市管县",对一般地级市管县没有规定,加之现在的多数地级市只管四五个县,也不属"较大的市"。由于混淆了"地级市"与"较大的市"的概念,实行"市管县"的地级市竟多达 269 个(2004 年)。结果"市管县"名义上由市受省委托进行代管,但事实上省不再过问,而由市进行真正意义上的管理,也就是说市的权力在不断扩张,从而成为实际上的一级行政区划。

案例 19

街道办是改还是撤

引言：街道办事处作为市辖区和不设区的市的人民政府的派出机关，在我国已经存在和运行了半个世纪之久。在旧体制中街道办事处曾经发挥了重要作用。当前，随着行政体制改革的深入，街道办事处的改革也日益成为理论界和政府部门讨论的一个热点。从全国的情况看，从普遍意义上去考察，撤销街道办事处是否可行？撤销街道办事处后会不会削弱政府的社会管理权？是否会导致基层社区管理的失控？

一、问题的由来

改革开放以来，随着大规模的城市建设和快速发展，"街道办"作为城市区级政府以下的一级管理机构，其辖地面积和人口迅速扩张，有些"街道办"的辖区几乎相当于国外的一个小城市，或国内中小城市的一个区，这使得"街道办"的管理任务日益繁重。原来实行的"两级政府、两级管理"的体制存在一定程度的"条块分割"，处在城市基层管理第一线的"街道办"职权十分有限，对很多城市管理方面的问题往往是"看得见、摸得着、无权管"，而市、区政府的职能机构则"有权管、看不见"，造成了"有能力管的无权管、有权管的无能力管"的局面。于是，城市管理显现出了"纵向管不到底，横向管不到边"的严重弊端。

同时,伴随着经济转轨和社会转型,城市的经济社会生活发生了巨大变化,城市基层管理上出现了很多新的领域,"街道办"的任务越来越重,例如,"单位人"转变为"社会人",增加了"街道办"管理和服务对象;中国已经进入老龄化社会,各街区的老龄人口(尤其是离退休人员)显著增多,老年人口的活动空间基本上在家庭所居住的街区,这就增加了"街道办"的工作内容;改革中出现了大量失业下岗人员,需要"街道办"的关心和帮助;随着城乡社会流动加快,城市街区的外来人口越来越多,他们既为街区的发展作出了贡献,也给街区的管理带来了压力。面对这些新情况新问题,原有的"街道办"的职责规定显然难以应付。

2005 年 11 月 15 日深圳社科院向市政协四届二次常委会上提交了一份研究报告,在报告中,专家认为取消街道办具有现实性。报告称,深圳的街道办事处应当在适当时候"退位让贤",让深圳现有的城市治理架构变为两级政府(市、区)和一级社区居民自治组织。在 8 年内分三步走,到 2013 年撤销全部街道办。

按照提案设计的方案,深圳实行城市社区改革首推街道管理体制改革"三部曲":一是"让位",就是将街道办事处"减肥、瘦身"。重点是梳理街道职责,剥离没有法定依据、职责不清等职能,上交属于行政事项的职能给区政府职能部门,下交属于社会化的职能给社区,把公益性服务工作交给专业化的社区工作者承担;二是"归位",就是还自治职能于社区,推进社区工作社会化,培育发展社区服务实体、中介组织和专业性社会工作机构;三是"退位",适当时候撤销街道办事处,建立市政府、区政府两级政府与一级社区居民自治组织的城市公共治理结构。

社会科学院课题组专家提出,到 2013 年,街道办事处将全部撤消,实现"两级政府,一级社区居民自治组织"的城市公共治理结构。

社会科学院课题组认为,深圳具有建立公共治理型社会管理体制的基础和优势。深圳已初步形成了政府主导下的经济组织和社会组织均衡发展的基本态势,这是城市社会管理从政府管制型体制向新型的城市公共治理体制转变的基础。

深圳大学公共管理学教授马敬仁认为,目前我国城市管理环境还不是太好,许多城市仍在膨胀,非城市人口向城市流动有增无减。城区过大,对街道办的管理就有依赖性,因此取消街道办没有现实性。目前的街道办主要需要调整职能,减少数量,由管理机构转为公共服务中心。

对此,深圳市改革办有关负责人称,深圳市政府部门委托深圳社科院的课题是"关于'十一五'期间深圳市社会管理与社会服务的前期研究",这只是一种学术讨论,尽量放开思路,尽量设想,目前还处于学术阶段,要实施还要大量科学论证,还有很长的一段路要走。该负责人同时指出,国外很多国家和地区都没有街道办设置,这也不足为怪。再者,目前国家也在减少政府层级设置,当法制条件成熟的时候,进行街道方面的改革也不奇怪,但深圳是撤销街道办还是探索新办法还需要大量证论。

二、两种观点的交锋

反对撤销街道办的意见

福田区莲花街道党工委书记、办事处主任周运昌认为撤销街道办便断了管理链。第一次听说深圳有撤销街道办的想法,但他不同意这个做法。就目前来看,街道办承担了很多工作任务,比如社会综合治理、安全生产等,这些都是和市、区签订了责任书的,街道办一旦撤销,政府的管理工作链肯定要断掉。

前几年到国外考察,了解到国外没有街道办,社区发挥了更大的作用。他说国外和国内不同的是,深圳的街道办在政府管理上扮演着非常重要的角色。比如莲花街道办只有 60 个定编人员,管理的人口却达到了 20 万人,而且几乎都是外地流动人口,这个实际情况就让街道办一级政府承担了很多的管理职能。

周运昌以前在区政府工作,随后调到街道办来工作,对街道办在政府管理方面扮演的角色有更深的认识。他希望提出这个方案的专家们能更多到市里各街道走走,去实地调研考察一下,听到更多不同的声音,或许对研究有帮助,对深圳的未来发展也有帮助。

赞成撤销街道办的意见

宝安区观澜街道宣传文化办主任张远桥认为,改革有利于改变小农意识。听到这个消息他不觉得意外,很支持改革。他认为这些社科院提出的街道管理体制改革方案可能不够科学,还有需要修改完善的地方,但改革总比不动要好得多。他刚刚从杭州回来,这些时间在外地看了看很有感触,对深圳的改革更加期待。由于历史发展原因,深圳有的地方还是存在小农意识,特别是在特区外的一些街道办有所表现,如果能进行改革,小农意识或许就能得到改变。

撤销街道办并不是只牵涉到一级公务员如何调配的问题,而是关系到我国行政体制改革的一项举措,到底是改还是撤?

编写人：中央民族大学 2006 级 MPA 研究生

山东省滨州市信息产业局　曹萌

讨论问题：

1."街道"管理体制改革的动力来自哪里?

2."街道"管理体制改革的障碍在哪里?

3."街道"管理体制改革的未来出路在哪里?

附录:

1. 武汉市江汉区

武汉市江汉区政府探索建立一种行政调控机制与社区自治机制结合、行政功能与自治功能互补、行政资源与社会资源整合、政府力量与社会力量互动的社区治理模式,主要是通过文件协议重新规范"街道办"、市及区政府职能部门与"居委会"之间的关系。一方面,落实《城市居民委员会组织法》赋予"居委会"的自治权,收缩"街道办"对社区的行政控制,对"居委会"落实人事权、资金支配权和资产管理权,建立"居委会"对"街道办"的评议考核制度;另一方面,让区政府职能部门调整与社区的关系,真正做到合作协助,而不是行政部门对社区指派工作任务,区政府的职能部门如果要到社区开展工作,应作到"工作人员配置到社区、工作任务落实到社区、服务承诺到社区、考评监督到社区、工作经费划拨到社区"。

2. 青岛市市北区浮山后社区

2001 年 4 月,青岛市市北区浮山后社区建立了新的社区管理体制,不再设置"街道办",这一新体制被概括为"一个核心、三套工作体系","一个核心"即"社区党工委","三套工作体系"即社区自治工作体系——"社区委员会"、行政事务工作体系——"社区事务受理中心"、社区服务工作体系——"社区服务中心"。"社区党工委"是市北区党委的派出机构,是社区里多种组织的领导核心。"社区委员会"是社区自治组织"社区代表大会"的常设理事机构,由"小区居委会"、驻社区单位和社区居民推选代表,通过召开"社区代表大会"选举产生,下设办公室和社区服务、文化教育、计划生育、人民调解、卫生环境 5 个委员会。"社区事务受理中心"由区政府职能部门的派出人员组成,承接社区中的行政执法、行政管理职能,负责城市管理、综合治理、计划生育、民政、财税、司法、社会保障、文教卫生等行政事务。"社区服务中心"则负责社区服务的组织、管理和协调,开展便民利民服务活动。这 4 套工作体系职责明确,互相支持,密切配合,各司其职,充分发挥各自的效能。

3. 南京市白下区淮海路社区

2002 年 3 月,南京市白下区选择了地处新街口地区、经济较为发达、人口整体素质较高、面积较小的淮海路街道作为城市社区管理体制改革试点。改革的总体思路和目标是:"理顺一个关系,坚持两个依法,实现两个归位,强化社区自治功能,实现社会的有效管理"。"一个关系"就是政府、社会、市场与社区的关系;"两个依法"就是政府依法行政,社区依法自治;"两个归位",一是政府行政管理职能的"归位",即把行政执法、行政管理工作归位给政府职能部门,二是政府社会化职能的"归位",即把原来由政府管理的社会化职能归位给社区,把一些社会公益性服务工作交给专业化的社区工作者承担。主要措施如下:第一,成立"淮海路社区党工委",作为白下区区委的派出机构,领导和指导社区基层党组织的活动,监督政务活动,支持和保障社区自治,维护地区稳定;同时,明确"党工委"不再承担行政管理职能。第二,设立"淮海路地区行政事务受理中心",作为区政府有关部门在辖区政务服务的平台。"中心"由劳动、民政、计生、城建、市容、司法等 6 个职能部门的派出人员构成,按职能分工受理和处理行政事务。与此同时,"街道办"不再承担经济管理职能,"街道办"原来所属的企业按照政企分离的原则,通过产权制度改革全部推向市场。第三,按照"关于淮海路街道行政管理职能移交的实施意见",梳理了原"街道办"承担的行政职能,根据"费随事转、权随责走"的原则,把"街道办"的行政管理和行政执法的 57 项职能全部移交给 13 个职能部门,而"街道办"的社会性、群众性工作则由社区全面承接。第四,完成以上工作后,撤销"街道办",区政府各职能部门依据各自的职能协助完成了原"街道办"行政职能的交接。第五,建立"淮海路社会工作站"和"淮海路社区服务中心"。

4.青岛市市南区江苏路社区

2004 年,山东省青岛市市南区江苏路"街道办"改变了功能和地位,其新名称为"江苏路社区公共服务委员会",这是国内首个社区公共服务委员会。它由政府派出人员、社区自治组织负责人和社区单位(企业)代表三部分人员构成,下设"党群工作部"和"社区公共服务中心"。"党群工作部"主要负责社区内党员的管理、学习,"社区公共服务中心"则在安全与司法、市容与环境、人口与健康、家政与公益、就业与保障等 8 个方面为社区居民提供"一站式"公共服务。"社区公共服务委员会"主要担负公共管理、组织协调和监督检查 3 项职能。服务管理就是接受区政府的委托,对辖区的公共设施、公共服务和公共福利项目行使管理职能,同时为各部门、单位和社区居民做好服务工作;组织协调就是协调政府部门、社会及社区各方面的利益关系,组织地区性的社会管理和公共服务领域的活动等;监督检查就是对行政部门为社区居民服务的质量进行考评。

5. 武汉市汉口江岸区百步亭花园社区

百步亭花园社区地处武汉市汉口江岸区,由武汉安居工程发展有限公司开发建设,是武汉市内最大的安居示范工程。在社区管理体制上百步亭花园社区作了大胆尝试和创新,采取"社区管理委员会"、"物业管理公司"、"居民委员会"三位一体的新型管理模式。此外,还设立了党委会和群众团体组织,成立了"业主委员会"以及驻区组织辅助系统。百步亭花园社区管理模式最大的创新是不设"街道办",而改设"百步亭花园社区管理委员会"(以下简称"管委会")。"管委会"是一个半行政半自治的组织。所谓半行政是指武汉市江岸区政府授权"管委会"直接履行基层政府的部份职能,领导、组织和协调社区组织及各项活动。所谓半自治是指"管委会"由百步亭花园社区各自治组织负责人、各管理机构负责人和业主代表组成。

附录参考文献:

1. 陈伟东:《城市基层社会管理体制变迁:单位管理模式转向社区治理模式》,《理论月刊》2000 年第 12 期。

2. 青岛行政学院课题组:《中国城市社区治理模式选择及实现途径研究》,民政部网站:http://www. mca. gov. cn/article/mxht/llyj/200712/20071200008273. shtml。

3.《改革街道管理体制、强化社区自治功能——白下区探索城市基层管理新途径》,南京民政信息网:http://www. njmz. gov. cn/site/mzj/mzlt_mb_a39060616437. htm。

4.《山东青岛一街道办事处成立国内首家社区"公服会"》,《领导决策信息》2004 年第 31 期。

5. 李光、周运清等:《中国城市社区建设新探索——百步亭花园社区研究》,武汉出版社 2002 年版。

案例 20

监狱"鸳鸯房"的设与废

引言:近期,就监狱设立"鸳鸯房",允许符合一定条件的罪犯与其配偶同宿的问题,社会上吵得沸沸扬扬,其观点主要有两种:一是认为设立"鸳鸯房",允许罪犯与其配偶同宿,能够提高罪犯改造的积极性,有利于促进罪犯的积极改造;二是认为设立"鸳鸯房",允许罪犯与其配偶同宿,弱化了监狱惩罚罪犯的职能,不能很好地发挥监狱对罪犯的惩戒作用与威慑力。到底"鸳鸯房"该设还是该废,没有一致的意见。

一、罪犯有无相关的权利

现在,我国的监狱在日常的罪犯管理过程中,主要的法律依据是 1994 年 12 月 29 日第八届全国人民代表大会常务委员会第十一次会议通过的《中华人民共和国监狱法》(以下简称《监狱法》)。依照《监狱法》的规定,监狱的性质是国家的刑罚机关,监狱关押的对象是依照刑法和刑事诉讼法的规定,被判处死刑缓期二年执行、无期徒刑、有期徒刑的罪犯。监狱对罪犯实行惩罚和改造相结合、教育和劳动相结合的原则。其中,第七条明确规定了罪犯的权利:罪犯的人格不受侮辱,其人身安全、合法财产和辩护、申诉、控告、检举以及其他未被依法剥夺或者限制的权利不受侵犯。第四十八条规定:罪犯在服刑期间,按照规定可以会见亲属、监护人。

纵观《监狱法》全文，我们没有找到相关的禁止罪犯在服刑期间主张自己性权力的规定。在《宪法》、《刑法》、《刑事诉讼法》中，我们也没有找到相关罪犯性权力的规定。根据我国刑法总则规定，法无明文规定不为罪。所以，我国有许多监狱在罪犯具体管理过程中，允许符合一定条件的罪犯与其配偶同宿。有的叫"鸳鸯房"，有的叫"夫妻房"、"同居房"、"同居室"等等，叫法不一，各种相关报道见于报刊、杂志等，在社会上引起了强烈的反响，也引发了社会对此现象的大讨论。

二、监狱对"鸳鸯房"的宣传

几乎所有监狱在对"鸳鸯房"的宣传过程中，都大力渲染了在罪犯管理中的人性化，认为设立"鸳鸯房"，能够充分体现我国在罪犯管理中的人性化和人道主义精神，充分体现出对罪犯人权的尊重，能够充分调动罪犯改造的积极性。

大众对设立"鸳鸯房"的观点：

有的人认为，"鸳鸯房"的设立是我国监狱改革的一种进步。从国际上看，许多国家都有这种所谓的"夫妻同居室"，比如德国等发达国家的"母子监狱"、"夫妻监狱"。从学理上讲，一座文明、现代化的监狱应该与国际接轨。监狱对服刑人员进行隔离封闭关押，容易导致人在心理和生理上的一种"变态"，所以我国的监狱法规定服刑人员有通信、会见的权利，监狱也组织服刑人员进行适当的体育和文化娱乐活动。而夫妻同居室则是对这种权利的肯定和提升，可以使已婚的服刑人员从心理和生理上得到正态恢复，有利于其回归社会。改造犯人的目的就是让他（她）重新做人。服刑人员被剥夺的只是人身自由权，对已婚罪犯要求感情和生理交流的权利，法律没有剥夺。监狱设立的夫妻同居室不违反有关法律，法律没有明确禁止的，在实践中可以尝试。对在押人员的改造更需要用亲情感化、帮教，设立夫妻同居室是改善服刑人员人性待遇的另一种改造途径。由于夫妻同居室的特殊性，不能对其进行监管和监视，对由此引发的生育权的问题，在制度上还缺乏研究,比如事前对服刑人员进行教育等,为了下一代的良好的成长环境考虑,生育权问题还应慎重考虑。

有的人认为,监狱是监禁罪犯的处所。罪犯一般是有严重损害公众或其他公民利益行为的人。把罪犯投入监狱,剥夺他们作为正常公民享有的自由权和其他权利,令他们遭受一定的痛苦和损失,可使其意识到必须为自己的犯罪行为付出代价,还可达到杀一儆百、警示他人的作用。假若犯人权利扩大到不适当的程度,监狱必将失去应有的威慑力,不仅不利于防止犯罪,造成犯人之间不公平,而且对犯罪行为的受害方也不公平。不论何种犯罪,肯定已经严重侵害了社会公众或个人利益。如暴力犯罪的受害者可能是身体伤残或生命消失等,因一句出于"人道主义"的目的而无底线地放松对犯罪人行为的惩处,表面上为减小其再次危害社会的可能性,实际却无法平息犯罪受害方和公众的愤怒。监狱代表着威严,关在里面的罪犯与普通公民相比,权利和义务具有不可比性,其权利受到限制,既是法律的要求,也符合人们的普遍愿望。监狱是监禁、改造犯人的地方,惩罚是监狱的本质要求。如果无限度放宽犯人的权利,让监狱成为罪犯不再害怕的场所,那么法律的强制性将无从谈起。

三、"鸳鸯房"试行中遇到的问题

部分监狱在试行"鸳鸯房"的过程中,遇到了许多难题。一是对夫妻关系的认定问题。由于监狱在具体的操作过程中,只要求罪犯的配偶在亲情住宿时提供结婚证明、所在单位的婚姻情况证明等,对这些证件、证明等材料的真实性难以辩明真伪,不能确保罪犯的配偶真实身份。二是对入住"鸳鸯房"的罪犯配偶,其人身安全不能提供有效的保障。有的罪犯在监狱内服刑期间,对其配偶的日常生活、生活作风等问题易多疑,在亲情住宿时,如果发生暴力事件,监狱不能进行有效的监管。三是生育权的问题,法律没有明确的规定。如果男犯在服刑期间,因亲情住宿导致妻子怀孕,如何处理。四是易造成女犯在监狱服刑期间怀孕。因为根据《中华人民共和国刑事诉讼法》第二百一十四条、《中华人民共和国监狱法》第七条规定：对判处有期徒刑、或者拘役的罪犯有下列情形之一的，可以暂予监外执行：（一）有严重疾病需要保外就医的；（二）怀孕或者正在哺乳自己婴儿的妇女。如果正在服刑的女犯因亲情住宿导致怀孕，按照法律规定必须暂予监外执行。这样就会让她们逃脱法律的惩罚。虽然所有监狱在"鸳鸯房"的管理中，都要求入住"鸳鸯房"的罪犯与其配偶要实行避孕措施，但在实际操作中又如何实施呢？

　　现在，全国监狱在"鸳鸯房"的问题上，有的已经停办，有的则还在继续，而司法部作为全面管理监狱的机关，也没有统一的要求。假如你是一名监狱的决策者，你将如何对待"鸳鸯房"的问题？是设还是废？

编写人：中央民族大学 2005 级 MPA 研究生

山东省鲁南监狱　秦元泗

讨论问题：

1. 你认为监狱中的"鸳鸯房"应该如何处理？
2. 在"鸳鸯房"的设与废上反映出我们监狱管理中的什么问题？

案例 21

奶牛养殖户的困境

引言：近年来，随着人们生活水平的提高，牛奶及奶制品成了人们的日常消费品。不再像过去一样，是只有老人、儿童和病人才喝的高档品，牛奶也不再像从前，被列入保健品的行列。国内庞大的牛奶及奶制品消费需求缔造了伊利、蒙牛、光明全国最大的三家牛奶生产企业，也同时带动了全国近千万奶牛养殖户增收致富。

然而就在乳制品企业蓬勃发展的同时，奶牛养殖户的生存和发展却遇到了巨大的困难。2006年某市政府大楼门前，黑压压的挤着上千人，他们就是遇到困难的奶牛养殖户，排在人群最前面的一排人打出横幅，横幅上写着"求求政府解救奶牛养殖户"，奶牛养殖户到底遇到了什么困难，这个困难是政府能够解决的吗？

一、政府对奶牛养殖的扶植

B市的奶牛养殖业有着悠久的历史，当地农牧民几乎家家户户都至少有1头奶牛，牛奶及奶制品是当地农牧民的重要食物。B市是西部地区重要的工业城市，虽然农牧业产值在该市GDP中所占的比例很小，但直接关系到全市70万农牧民的增收问题。因此，如何尽快解决好"三农"问题，实现该市农牧业经济跨越式发展,是建设经济强市、建成小康社会必须要解决好的问题。

2002 年,该市市委、市政府经过深入调查研究,根据国内农业发展形势和该市农村实际情况提出了"奶业富民"工程,把奶牛养殖作为农牧业发展的主导产业来抓,并采取了一系列措施。

政策推动 2002 年市委、市政府从建设经济强市的高度,确立了奶业在地区经济发展中的重要地位。市委、市政府制定优惠政策扶持奶业发展,先后出台了九个扶持奶产业发展的政策性文件。从市到旗县区层层建立了专门机构,制定了支持保护的具体措施。每年从地方财政中拿出 1500 万元用于扶持奶业发展。

配套的保障体系 针对 B 市奶产业快速发展的现状,市政府及时强化完善了奶牛服务体系建设。进行了基层兽医体制改革,考核聘用了 576 名畜牧兽医防疫员充实到 63 个乡、450 个村,在全市实现了乡建兽医站,村建兽医室,并由市、旗(县、区)两级政府出资配备了所需的冷链等全部设施。市、县两级财政每年出资 150 多万元,用于补贴基层兽医防疫员,彻底改变了过去该市基层兽医线断、网破、人散的状况。同时,为了保障奶产业的健康有序发展,该市成立了奶牛养殖互助会。市政府拿出 500 万元作为互助会启动资金。

龙头企业带动 随着蒙牛、伊利两大乳品企业迅速做大做强,稳定占领全国市场,2002 年这两大企业在 B 市建厂,2004 年,又引进上海的企业来该市投资建厂。

行政命令推动奶牛养殖业强行起飞 2002 年以前,B 市奶牛总量仅有9 万头,总量规模都很小,难以形成大的产业,为了推动奶牛养殖业的快速发展,市政府年底就制定了下一年度奶牛增长计划,同时,给各区县下达了任务,并签订了责任状,各区县也同样将任务层层分解,下达到乡镇、村,甚至部分政府机关也有奶牛养殖任务。为了解决奶牛养殖中资金问题,市政府多方协调贷款和拆借资金,先后信贷资金 5.6 亿元,同时,市委、市政府多次召开金融部门协调会,通过会议协调,在购牛资金上实行银行信贷、企业贷款、农户自筹"三家抬"的做法。截至 2005 年底,金融部门已累计向农牧民投放购牛信贷资金 8.65 亿元,龙头企业投放 3.2 亿元,养殖户自筹 11.6 亿元。经过 5 年的发展,该市的奶牛养殖业迅速发展壮大,全市奶牛存栏达到 47.15 万头,奶牛养殖户达到近 1 万户,涉及人口近 40 万人。

二、市场考验奶牛养殖业

在政府的大力推动下,B 市的奶牛养殖业快速发展,同时,一些深层次的问题也不断显现。

奶牛价格大幅度波动　5 年来该市每年新增奶牛近 10 万头,在巨大的需求拉动下,奶牛价格也暴涨,从 2002 年开始,奶牛价格从每头 8000 元～1.5 万元逐步上涨,最高峰达到 1.8 万元～2 万元,连刚产下的小母牛犊也由每头 3000 多元上涨到 8000 多元。从事奶牛买卖生意的人日渐增多,甚至有些不法分子,将黄牛染成黑白花奶牛,坑害养殖户。到 2005 年,由于奶牛养殖效益不好,奶牛出现了有价无市的局面,购回的优质澳牛市场行情也只有 7000 多元,小母牛犊更跌到 300 元～1000 元,淘汰的劣质牛只有 1500 多元。

饲料价格大幅上涨　在奶牛市场行情下降的同时,饲草料价格反而逐步升温,普遍使用的正大饲料由每公斤 0.325 元上涨到 0.465 元,饲草价格由每公斤 0.075 元上涨到 0.2 元,部分养殖区上涨到每公斤 0.275 元。玉米价格由 0.34～0.38 元上涨到 0.8 元左右,精饲料从 1 袋 98 元涨到 118 元。

原奶价格偏低　近几年,牛奶平均收购价格始终保持在每公斤 1.7 元水平,饲草料价格上涨,奶牛市场价格下滑,使奶牛养殖户陷入困境。据调查,每头成年奶牛全年需花费饲草费用约 2190 元,饲料款约 5286 元,这样,每头成年奶牛全年饲草料费大约 7476 元。加上水费、防疫费、配种费、保险费、医疗费等,每头奶牛需支出约 9000 元,而 1 头产奶量在 6 吨左右的奶牛年收入只能维持在 1.06 万元左右。奶牛养殖户整体上是微利、无利或艰难维持状态,个别地区的农牧户甚至出现返贫现象,奶牛养殖户的积极性受到严重挫伤。

养牛贷款资金难以收回 由于农牧民基本是利用贷款购买奶牛,加之奶牛养殖效益低下,出现了养殖户负债经营的现象。现在部分奶牛贷款已到期,银行向养殖户催还贷款,而养殖户所卖牛奶的钱只够购买饲草料,没有能力偿还银行贷款,所以银行目前已不再向奶牛养殖户提供任何小额贷款。养殖户在资金上遇到了困难,得不到金融部门的资金支持,养殖进入困境。部分奶牛养殖户因养牛无利可图,以致亏损日趋增加,干脆将奶牛卖掉,也不再偿还贷款。金融机构与奶牛养殖户处于同一境地,奶牛养殖的资金绝大部分来源于农村信用社贷款,一些农村信用社提供的奶牛贷款难以收回。由于购买奶牛主要依靠农村信用社,贷款金额较大,在奶牛养殖业整体低迷的大环境下,奶牛养殖户抗风险能力降低,又没有其他弥补亏损的收入来源,奶牛贷款事实上已形成风险。奶牛养殖贷款回收困难,制约着农村信用社业务经营的发展,影响着当年的票据置换。无法清收的奶牛养殖贷款使农村信用社的不良贷款占比大幅上升,这必将影响到专项票据的兑付工作,进而影响到农村信用社的改革进程。沉淀贷款的增加,使信用社的流动资金逐年减少,制约着农村信用社支持"三农三牧"和地方经济的发展。

谷贱伤农、肉贱伤农、奶贱伤农,粮食、蔬菜、肉蛋奶是农村的主要产品。由于去年养猪业的低迷,导致今年生猪出栏量锐减,市场供求严重失衡,猪肉价格暴涨,希望同样的事件不要再发生在奶牛养殖业上。

编写人:中央民族大学 2006 级 MPA 研究生

包头市政府办公厅　杜生瑞

讨论问题：

1. 奶牛养殖户遇到的困难该如何解决？
2. 政府在实施"奶业富民"工程过程中是否存在不符合市场经济规律的行为。

案例 22

包头的引黄河入市工程

引言：营造一个美好的环境，吸引中外客商前来投资，是近年来各地加快地区经济发展的主要指导思想。挖掘并充分利用当地的自然环境优势，下大力气改造、建设、美化城市景观已成为各级政府的重要工作。包头市引黄河入市生态环境建设工程就在这样的背景下酝酿出台，但是，这一有利于改善包头市投资环境的好事，在完成初步设计上报后竟如泥牛入海悄无声息了。

一、设想源于实现"经济强市"的宏愿

包头市是内蒙古自治区最大的工业城市，在全国也是较为重要的重工业城市，在全自治区国民经济发展中占有举足轻重的地位，也是实施西部大开发战略建设我国北部生态防线的重要地区之一。当年江泽民同志视察包头时提出了"要把包头建成我国中西部地区的一个经济强市"的宏伟目标，为包头市未来的发展指明了道路。早日实现这一目标的唯一可能就是持续的经济跨越式发展，实现跨越式发展，关键措施之一便是招商引资，改善投资环境成为迫切需要解决的现实问题，生态环境建设自然提上议事日程。

包头市处于典型的大陆性季风气候带，属于干旱半干旱地区，特别是大青山沿线及城区北部，植被稀疏，水土流失严重。随着经济社会的发展，人

口的增加,水资源危机进一步加剧,生态环境恶化势头不断加重,严重制约着经济发展和可持续发展战略的实施,甚至直接危胁居民的生存环境。有效改善生态环境,已经成为摆在包头市各族人民面前一项十分重要的任务,迫切要求高度重视加以认真解决。因此,中共包头市委和市人民政府按照国家西部大开发战略,结合实际,将包头市引黄河入市生态环境建设工程作为西部大开发基础产业首选项目,在城区周围先期建设一条山水相依的绿色生态屏障,有效改善城市及周边地区的生产生活条件,同时营造一个美好的投资环境,吸引中外客商开发包头建设包头。

二、引黄入市规划美景

引黄河入市生态环境建设工程以水利工程为骨干,以生态工程为主体,以高效经济园区为示范,同时开发旅游资源,是一项综合治理工程。

引黄后改善生态环境 包头市规划市区建成面积 160 平方公里,东西绵延约 50 公里,北靠大青山,南临黄河。大青山阳坡荒山秃岭,山前丘陵区土地贫瘠,植被稀疏,黄沙卵石遍野,水资源缺乏,降水少,蒸发多。多年来营造的北郊防护林,由于缺水成活率低,防护效益不明显,要在这一带植树种草恢复生态环境,首要问题是解决水源。这里距黄河只有 10 公里,引黄河水是解决生态建设工程水源的主要途径。引水工程为四级提水工程,在南海公园南黄河弯道处建浮船泵站,提水经沉淀除沙后输入南海子内湖。经三级固定泵站提水用管道、明渠输水,两个调节水池调节水量经流入总干渠。引水管道总长 13.4 公里,干渠总长 36.5 公里,调节池 1.6 平方公里,提水总扬程 176 米。利用昆都仑水库水源,采用浮船取水,绿化库区周围 2 万亩山地。利用现有水浇地,机井作为补充水源发展高效农业园区,建设日光温室。随着工程的实施,项目区保水能力将逐年增大,地表径流状况将得到有效改善,洪水总量减少,土壤入渗补给增大,水和土壤有机质流失减少,土壤肥力增加。风力明显减弱,小气候形成,温度变幅减少,农业产量提高,有利于经济林生长。到规划期,地面绿色覆盖率达到 80%,林草覆盖率达到宜林宜草面积的90%以上,生态环境效益明显。

引黄后美化城市市容 近几年,包头市按照城市总体规划,加大城市建设的力度效果十分明显。但是,穿越市区的昆都仑河、东河、四道沙河、二道沙河长年无水,只有雨季山洪暴发时短期行洪,而且河槽高低起伏,沙坑、沙丘遍布,一遇大风就尘土飞扬,风沙弥漫,严重危害市区景观和居民正常生活秩序,与城市建设极不协调。通过实施引黄工程,可以促进昆河、东河等河槽的综合治理,用水营造各种景观,从根本上保护城市市容,而且使沿途南海公园、转龙藏、东河水库、沿山地带、昆都仑水库和昆都仑河形成一道亮丽的旅游观光风景线,使北部山区丘陵区与城区相连形成一条风光旖旎的旅游线。另外,项目还规划将两个调节水池建为人工水面,沿13.5公里干渠进行绿化美化达到通行游船要求,在昆都仑水库下游13.8公里处建橡胶坝拦蓄,形成水域,营造景观。项目实施建成后,项目区周围的300平方公里范围内生态环境将得到彻底改观,为市区120万人口提供一个良好的生活环境,包头将具有高标准的园林化城市示范样板作用,也将成为自治区的生态建设的一项标志性工程,进而为包头市的经济发展、对外开放奠定较好的环境基础。

引黄后开发地区经济 包头市城北沿山有18万亩可耕地,作为城郊结合部理应成为高科技农业示范园区,但是因为缺水,除了少量水浇地外,主要是旱荒地,有的只能弃耕撂荒,平均每亩纯收入不足50元。如能实施引黄河工程,以生物措施和工程措施相结合,因地制宜,因害设防,全面治理,其效益增长百倍,不仅可使当地农民尽快富裕,也能吸引城市居民开发建设。项目实施后,总治理面积达17.68万亩,其中造林14.68万亩,种草2万亩,育苗基地1万亩,9万亩的高效经济园区,配套设施改善后,一些新上项目或者不易建在城区的项目可以开发实施,为城市发展提供广阔的空间。

三、项目因何搁浅

内蒙古属于老少边穷的地区,经济基础薄弱,要想实现经济腾飞需要科学谋划,需要采取特殊的政策和特别的措施。西部大开发就提供了大发展的历史机遇期。将包头打造为"经济强市",逐步建成呼、包、鄂经济发展圈,再发挥其辐射和带动作用,全面推进自治区经济的快速发展的构想,现实而且具有战略意义。引黄河入包头市其目的不言而喻,为什么有关部门悬而未决,以至于不了了之呢? 真正而确切的原因无法探究,站在今天的角度审视这一事件的确值得深思。

引黄入市未必能推动经济快速发展

俗语说"量入为出",引黄入市工程直接总概算高达 100 多亿元,且日后运行和维护费用尚不清楚。2000 年前后全市财政年可支配收入不足百亿元,尽管有中央和自治区两级政府的支持,但市财政负担之巨大难以想象,工程一旦上马,投入犹如无底洞,资金链一旦断裂,工程将成为进退两难的"鸡肋"工程,国家财产损失巨大,政府公信力肯定将受到质疑。就算这是"杞人忧天",政府正在或即将实施的需要财政投入保障、关系国计民生的基础性工程如:国企改革、城镇再就业、社会保障、城市改造、增加农民收入、治理荒漠化等等工程也将因资金短缺受到严重干扰。

优化投资环境的确需要改善生态环境。2000 年前后包头市城市建设、封山育林、环境保护已取得了十分显著的成效,而且建设的力度在逐步加大。与此同时,转变政府职能,提升城市交通、通信、金融、物流和技术等服务功能,改善投资软环境的工作也在紧张进行中,经济正向着又快又好的方向发展。与政府着力使用有限财力优先解决"吃饭穿衣"问题相比,"引黄入市"只能是"锦上添花",就当时的形势而言,添这样的"花"略显奢侈,方案除了束之高阁恐怕没有其他选择。

引黄入市风险难预料

黄河流经包头境内 216 公里,年均径流量 259.6 亿立方米,仅为黄河平均年径流量 45%。黄河在 1972～1997 年共出现 20 次断流,时间最短 5 天,1997 年断流时间高达 226 天。断流的原因有很多,概括起来主要是全球变暖情况的加剧,河道的蒸发量大增,季风减弱,缺少了从海面带进内陆的水汽。黄土高原地区植被破坏严重,缺少了植被涵养的土地逐步沙漠化,蒸发量变得更高,土地干燥地下水需要不停的吸收流经河道才能得以补充。黄河中上游流经的多为经济较不发达的老少边穷地区,缺少节水灌溉的技术和资金,多为大水漫灌,黄河水浪费严重。专家指出,人类违反自然的生活方式乱砍滥伐是破坏水源的主要原因,连续多年对周边环境的破坏使这个具有数千年历史的生态系统面临崩溃,黄河很可能会成为人类文明破坏下的另一个遗址。

尽管中央和地方政府在不断加大对黄河问题的整治力度,使恶化趋势得以延缓,但短期内难以达到有效改观更谈不上彻底根治。黄河水量极其不稳定,黄河入市水工程面临巨大风险。一旦引水不足或无水可引,百亿元投资收效不佳甚至可能化为乌有。面对现实,决策者恐怕也只能是望蓝图而兴叹了。

生态威胁无法消除

新中国成立以来,黄河中下游地区建立了一批能源工业、基础工业基地和新兴城市,黄河中游汾渭盆地以及下游引黄灌区都是我国主要的粮棉基地之一,在国民经济中占有极其重要的地位,而这一区域也是受黄河断流影响最大地区。

包头引黄入市工程直接涉及的仅有市四区的 8 个乡(苏木)、42 个行政村,总面积 36 万亩。这一区域土地贫瘠,植被稀疏,黄沙卵石遍野,水资源缺乏,降水少,蒸发多,13.5 公里干渠和调节池 1.6 平方公里的开阔水面将会使大量水蒸发及渗漏地下。为保证工程效果就必须不断地从黄河中引水。人为的引水是否会改变地下水径流规律、对局部生态系统产生新的影响不得而知。而且,这一项目完成后,围绕工程的人类活动也会更加频繁,对黄河水污染以及对中下游地区工农业生产的威胁也加大。这些影响本身并不大,但对已是满目疮痍的整个流域而言却不能不考虑。

综上所述,包头引黄入市工程建设与否,本质就是局部利益与整体利益、眼前利益与长远利益取舍的考量,决策必须慎之又慎。

编写人：中央民族大学2006级MPA研究生
内蒙古包头市卫生局 鲁月

讨论问题：

1.你认为包头市引黄工程的可行性和价值有多大。
2.如此巨大的工程政府应该如何进行科学决策。

案例 23

"半拉子收费站"引发交通事故
该由谁负责

引言:政府扯皮留下"半拉子收费站"。

海皮路收费站是由大连市人民政府申请、辽宁省人民政府批准的建设项目。海皮路是大连市按一级公路标准改建的横贯普兰店市的区域交通干线,全长 40.275 公里,总投资 28500 万元,其中使用国债 11000 万元,银行贷款 4000 万元。为偿还国债和银行贷款本息,辽宁省人民政府于 2002 年 12 月 31 日批准设立海皮路收费站。

然而,由于普兰店市政府不同意设立这个收费站,导致收费站工作无法正常进行。普兰店市政府提出不设收费站,是因为当地人大代表、政协委员、企业家和沿线群众反对,因为这个市周边已有两个收费站,再设一个,将严重影响车流、人流和物流,对周围几个经济重镇发展不利,还会加重当地企业和群众的负担。他们建议两级政府通过其他方式共同分担还贷责任。为解决设不设收费站的争执,大连市政府领导协调了几次,但大连市交通口岸管理局与普兰店市政府始终没有达成一致意见。这个收费站就成了一个典型的"半拉子工程",既没有完工也没有收费,被搁置在那里。

一、"半拉子收费站"被告上法庭

2005 年 7 月 16 日,大连普兰店市人民法院再次开庭审理司机屠鑫强起诉与建收费站相关的大连三个政府部门行政不作为一案,法庭当日没有作出判决。这是 5 月 1 日道路交通安全法实施后,辽宁省首起控告政府不作为导致交通事故并申请国家赔偿的案件。据原告屠鑫强及其律师刘宝庆在法庭上陈述,2005 年 5 月 3 日晚 10 点多,屠鑫强驾驶一辆"金杯"面包车从普兰店出发沿海皮路到皮口镇,行至 30 公里处时,前方突然出现"半拉子收费站",虽然他采取紧急刹车措施,但面包车还是撞到了"半拉子收费站"的船型底座上,车上 7 人全部受伤,面包车损毁,经济损失 20 万元。

来自黑龙江朗信律师事务所的刘宝庆律师在法庭上指出,这个既不收费、又没有及时拆除的"半拉子收费站",是导致此次车祸的直接原因。尽管这段路上有收费站、限制时速等警示标志并设有减速器,但这些警示标志与实际不符。这里没有收费站应有的灯光和一定高度的建筑物,反而误导了驾车者。因此,大连市交通口岸管理局作为这一收费站的组织建设部门,普兰店市交通局作为这一路段的维修、养护与管理部门,普兰店市公安局作为这一路段的交通安全管理部门,在道路交通和安全管理方面都没有履行法定职责,应承担责任。

依据道路交通安全法的相关规定,5 月 27 日,屠鑫强将一纸行政起诉状递交给普兰店市人民法院,请求确认大连市交通口岸管理局、普兰店市交通局、普兰店市公安局三被告不履行法定职责违法;请求依国家赔偿法规定对原告进行赔偿。普兰店市人民法院受理了此案,通知三被告于 7 月 2 日开庭。然而,首次出庭的被告只有普兰店市公安局,而大连市交通口岸管理局、普兰店市交通局两个被告缺席,致使法庭不得不延期审理。

二、"半拉子收费站"事故不断

屠鑫强和他的家人并不是"半拉子收费站"的第一批受害者。来自普兰店市公安机关的资料显示,海皮路开通20多个月来,发生在"半拉子收费站"的交通事故有记录的至少10起,多人受伤,直接经济损失40多万元。交警部门分析,此处发生事故的原因是多方面的,而"半拉子收费站"的确是交通隐患。

在这起行政诉讼案开庭之前,收费站黑黄相间的船型水泥底座大多被撞得斑斑驳驳,几个大水泥块被撞倒、撞歪,露出了钢筋。由于路面平坦,车速很快,车辆到了"半拉子收费站"跟前不得不刹车减速行驶,小心翼翼地进入狭窄的收费通道。

普兰店市第一运输公司货车司机李焕有说,每次到这里都要刹车,既不方便,还容易出事。小客车司机刘世方表示,自己亲眼看到三四起车祸,特别是外地车不熟悉路况,要是赶上黑天、大雾天,更容易出事,因为看到收费站水泥座时,临时刹车根本来不及。"收不收费是政府说了算,要收,就把它建起来;不收,就应当快点把它拆了,免得这里出事。"

三、谁该负责拆除收费站

在庭审中,三被告都认为自己并没有不履行法定职责。大连市交通口岸局在行政答辩状中写道,交通口岸局在收费站立项、批复、建设等方面均没有法定义务,也不存在不履行法定职责的情况,更没有拆除省政府批准设立的收费站的权力。普兰店市交通局认为,自己的职责是"负责普兰店各级公路、桥涵防护工程的建设维修",而海皮路是省级公路,普兰店市交通局无权修建和管理,不应被列为被告。普兰店市公安局认为,海皮路收费站限速、减速、收费站标志和减速器等设施齐全,符合道路交通安全、畅通的要求。屠鑫强在这里肇事,百分之百是个人责任。鉴于这里多次发生交通事故,今年2月,他们已向普兰店公路派出所打报告建议拆除这一收费站底座。

四、"半拉子收费站"还要存在多久

一旁听者说,听完两个多小时的法庭调查、举证和辩论之后,最大困惑是不知道究竟谁管这个收费站,政府部门到底有没有人对这个"半拉子收费站"的现状负责,还要有多少百姓的生命财产损失才能唤醒政府的责任意识?

原告的律师刘宝庆在法庭上谈到一个情节,起诉前原告曾向交通部门提出要自费拆除"半拉子收费站"或增设防撞沙筒,以避免类似事故再次发生,但遭到拒绝。理由是上级部门建的东西他们没权拆,也不能允许别人添置设施。这是否说明"半拉子收费站"还有人管呢?

屠鑫强和刘宝庆表示,无论法院如何裁定,他们对状告大连市几个政府部门、并在一个县级市的法院顺利进入审判程序感到欣慰,因为道路交通法把公民和政府摆到了平等的位置上。他们坚信,新的道路交通安全法,就是为维护道路交通秩序、预防和减少交通事故、保护人身安全、保护公民财产安全及其他合法权益而出台的,海皮路上的"半拉子收费站"明显属于非正常路障,是政府部门间工作不协调造成的,并引发了若干交通事故,政府对此应当承担法律责任。

公民为"半拉子收费站"告政府,从一个侧面提醒道路交通管理部门必须依法履行职责,因部门间相互推诿而形成道路通行障碍并造成交通事故,至少是政府部门保护人民生命和财产责任的缺失。

编写人:中央民族大学2006级MPA研究生

内蒙古包头市高新区人劳局　吴振宏

讨论问题:

1. 你认为在"半拉子收费站"引发的交通事故中政府部门有无过错? 为什么?
2. 结合本案例,谈谈政府部门在保护人民生命和财产方面应尽的责任。

参考资料:

2004 年 7 月 24 日大众网《齐鲁新闻热点》"烂尾收费站连连咬人,政府三部门成了被告"。

案例 24

"钉子户"该不该拨

引言：一个已经被挖成大坑的工地中间,孤零零地伫立着一幢两层小楼,它的四周被挖成了悬崖峭壁,犹如一个大海中的孤岛……这是一张在网上广泛流传的照片,极具冲击力地展示了城市拆迁的极端场面,因此被网民誉为"历史上最牛的钉子户"。钉子户到底该不该拆?

一、开发商与被拆迁户没有达成一致

这幢孤独的小楼在重庆市九龙坡区的闹市区已经长达两年多,周边280户均已搬迁,仅剩这1户未搬迁。房主吴某说,我不是钉子户,也不是刁民,只是一个依法维护自己权益的公民,我愿意坚持到底。

吴某的房屋地处九龙坡区商业核心地段的鹤兴路19号,是一幢两层砖混结构的商业用房,面积达219平方米。2004年,九龙坡区对鹤兴路片区进行改造,由重庆南隆房地产开发有限公司与重庆智润置业有限公司共同进行开发,拆迁工作从2004年9月开始。对吴某一家来说,2004年的9月5日是关键的一天,这天在重庆杨家坪鹤兴路上,贴出了开发商动迁的公告,动迁期为一个月。据一些老住户回忆,杨家坪鹤兴路这一带的房屋始建于上世纪40年代,曾是当地唯一一条饮食街,但动迁之时,这条老街已破败不堪。那几年中,如何改造这一区域,一直是九龙坡区每年两会的热点。

　　据正升百老汇项目开发部经理王伟介绍,2004 年 7 月,重庆智润置业有限公司与重庆南隆房地产开发有限公司联手向九龙坡区房管局申报,拟对杨家坪鹤兴路片区实施开发。2004 年 8 月 31 日,九龙坡区房管局下发拆迁许可证。王伟还出示了各种资质证明,包括立项报告、用地许可证、建设用地审批书等。

　　开发商表示,拆迁补偿方案有现房安置和货币安置两种,"主要依据是《重庆市城市房屋拆迁管理规定》。"王伟说,此次拆迁主要涉及 281 户业主,方案对业主都有公示。据其介绍,在项目现场,一并被公布的还有重庆金地资产评估有限公司作出的资产评估报告。王伟强调,金地资产评估公司是由全体业主从 5 家资产评估公司中间选出的,最终的评估报告由九龙坡区政府批准。依据评估报告,吴某的两层楼房的价值为 247 万多元。

　　2004 年 8 月,开发商进驻现场,设有拆迁办公室协调各位业主的拆迁补偿问题。"动迁过程还算顺利,到去年除吴某一户之外,其他 280 户业主全部迁出",王伟介绍,两年来和吴某有过近 40 次接触,但均未达成协议。"事实上,目前的这种僵局我们也不愿看到",王伟表示,整个项目公司投进将近 3 亿元,因迟迟不能开工,每天仅利息就有 6 万元。

　　据王伟回忆,2004 年 9 月,他们与吴某第一次接触。吴某提出了"赔偿"和"还房"两大要求,赔偿额达 600 多万元。对房屋置换,吴的要求也较具体:原位置、原朝向、原面积、原楼层等。因无法满足该要求,双方首次接触不欢而散。

　　由于双方在具体补偿安置方式上分歧较大,开发商和吴某之间一直未能达成协议。吴某说,根据《重庆市房屋管理拆迁管理条例》第 25 条规定,她选择"实物安置",并依照该条例第 37 条要求在"原拆迁范围内进行安置",按照产权证上的面积、用途仍按商业用房进行补偿,但开发商对此不理不睬。此次开发商提供的"货币安置"和"产权调换"两种方式,与她的要求不能达成一致。

二、拆迁行政裁决听证会

2005 年 2 月,开发商向九龙坡区房管局提出拆迁行政裁决,要求裁决被拆迁人限期搬迁。在多次调解无效的情况下,九龙坡区房管局于 2007 年 1 月 8 日下午召开了拆迁行政裁决听证会,但是,这个有人大代表、政协委员、信访和街道干部参加的听政会,唯独缺了被拆迁人——吴某。九龙坡区房管局拆迁科科长任忠萍说,我们提前通知了吴某,并且还在 1 月 5 日的《重庆晚报》上登报公布了听证会的时间、地点。但吴某却否认这种说法,她称自己在没有得到任何通知的情况下,房管局就与开发商召开了所谓的"听证会",后来她才发现听证通知书被有关部门塞进了根本无法居住、已经成为"孤岛"的房屋中。

听证会后,房管局于 2007 年 1 月 11 日下达了拆迁行政裁决书,并于 2 月 1 日向九龙坡区人民法院提起了《先予强制拆迁申请书》。

三、谁把小楼挖成"孤岛"

在人流如织的九龙坡区杨家坪轻轨车站,面对旁边工地上高高耸立的孤岛小楼,路人常常发出疑问:"谁把房子挖成这个样子? 还能住人吗?"

从现场可以看到,除非是攀岩高手或者有升降设备,否则很难登上小楼,生活在上面更是"不可能完成的任务"。根据《国务院办公厅关于控制城镇房屋拆迁规模严格拆迁管理的通知》(国办发〔2004〕46 号),严禁采取停水、停电、停气、停暖、阻断交通等手段,强迫被拆迁居民搬迁。地方各级人民政府和有关部门要加强对拆迁人员的法制教育和培训,不断增强其遵纪守法意识,提高业务素质。

吴某说,为了胁迫她搬迁,从 2004 年 10 月开始,开发商就强行对房屋断水、断电,又在房屋周围下挖近 20 米,早已无法居住和经营,严重侵犯公民合法权益。在两年多的时间里,有关部门对开发商的这种行为漠然视之。

　　实施鹤兴路拆迁的是房管局下属的拆迁公司，一个商业地产开发项目为何由房管局下属的拆迁公司承担？对于这个问题，房管局有关负责人表示，从事城市拆迁必须要有一定的资质才行，而且城市拆迁各种法规很复杂、涉及问题多，需要专业队伍来完成，所以开发商就交给房管局下属的拆迁公司。九龙坡区房管理局拆迁科科长任忠萍说，至于谁让把吴某的房子挖成现在这个样子，他们也不清楚。

四、法院裁定必须搬迁

　　3 月 19 日下午，九龙坡区法院召开听证会，吴某、九龙坡区房管局、重庆南隆房地产开发有限公司与重庆智润置业有限公司对簿公堂。由于旁听的人太多，审判长决定临时换到了一个能容纳五六十人的法庭。除了全国各地赶来的记者，旁听席上一大半都是重庆其他城区的拆迁户，他们并不认识吴某，但专程赶来旁听。一位拆迁户在开庭前大声地对吴某说，你是我们的榜样，能坚持到今天很不容易，我们专门来支持你！在法庭上，双方就"为何两年多达不成协议"、"房管部门是否滥用职权"等问题进行了激烈的辩论。双方都认为是对方的责任造成现在的状况，自己没有过错。最后，九龙坡区法院认为，九龙坡区房管局申请执行的拆迁行政裁决书，事实清楚，证据确凿，适用法律、法规正确，程序合法，无超越职权和滥用职权。因此依法裁定：准予先予执行，并发出限期履行通知，要求被拆迁人在本月 22 日前搬迁。如不履行，法院将强制执行。

　　吴某当庭表示不服法院的裁定，表示还要继续维护自己的权益。

五、民众的看法

　　不少网民对拆迁人的做法提出了质疑：在法院没有裁定强拆之前，谁给拆迁人断水、断电、断路的权力？因此，有报纸刊登文章称：如果说吴某是"最牛钉子户"，还有比吴某更"牛"的，那就是开发商，因为这家开发商在住户没有同意拆迁而法院也没有作出裁定的情况下,就已经在他们的房子周围掘地数米,断水、断电、断路,将他们的房子变成"孤岛",让房子丧失应有的商业和居住功能,这只有"最牛开发商"才能做得出来,其行为暴露出"最牛开发商"那种傲慢与蛮横:你不愿意签协议搬迁,我就有办法让你难看!网上曾经传言"最牛钉子户向开发商索要 2000 万元",但吴某说自己从来没有向开发商提出过货币安置,更没有"索要 2000 万"这回事。多次组织双方进行调解的九龙坡区房管局原局长邓小如也向外界证实,吴某的确没有要求过 2000 万的补偿,她的房屋评估价格约 200 多万元。

也有网民指出,虽然国家不允许强制拆迁,但是实际上在有些地方存在这种情况。以前有这样的例子:首先是给这样的钉子户下通知,通知他们哪一天必须把东西搬出房屋,否则用大型工程机械铲平房屋。如果到了期限仍未搬出,就把人强制拖出房屋,搬出家具,再用大型工程机械上去将房屋摆平。

编写人:中央民族大学 2006 级 MPA 研究生

河南省郑州市海关　朱丽红

讨论问题:

1. 开发商对吴某的做法合法吗?
2. 在城市拆迁过程中政府应如何化解社会矛盾?

案例 25

北京东四八条遭遇拆迁

引言：被北京市政府列入历史文化保护区的东四八条、九条危改项目开始了 8 年中第三次拆迁。旧城区胡同拆迁引来各方面的关注与质疑。但据《京华时报》2007 年 5 月 24 日的报道，这一次拆迁可能不会像前两次那样半途中止。东四八条的居民从新闻中了解到，这一次，似乎走完了所有审批程序。北京的东四八条将如何面对拆迁危机？

一、拆迁手续是否合法

2007 年 5 月 14 日，东四八条 9 号院两间平房被拆。但此后社会各界反应强烈，纷纷质疑开发商拆迁行为并不合法。实际上，此前的 4 月下旬，北京市政协委员刘绮菲就上书北京市政府，称拆除事件"是一起严重破坏北京历史文化风貌及社会和谐的事件"。她认为，拆除现存已经很少的北京胡同，不管打着怎样的"危改"旗号也掩盖不了破坏人文北京、破坏古都北京、破坏和谐北京的实质。

有关部门针对该项目曾两次举办专家论证会，在第一次论证会上有专家提出坚决的反对意见，而在第二次论证会上，提出反对意见的专家未受邀出席，第二次论证会上没有反对意见。最终，持反对意见的专家们的缺席，使危改项目顺利动工，北京文保区东四八条胡同部分范围未能免于被拆迁的命运。

据有关调查显示，该项目于 1999 年由北京市计划委员会以"危改"名义立项，于 2001 年由北京市规划委员会批准规划，有关土地自 2001 年开始分几次被北京市国土资源局出让。

据此，开发商认为拆迁行为合法。在 5 月 15 日东城区房管局、东城区文管所、中保嘉业开发公司联合召开的新闻发布会上，开发商中保嘉业公司董事长陈建胜表示，虽然拆迁历时 8 年，但他们的拆迁手续是合法的。中保嘉业房地产开发公司副总经理白华说，公司 1999 年就在北京市有关部门取得了立项，本来几年内应该拆迁完毕的项目，因为国家政策的调整和公司资金问题，一直拖到了现在。

二、东四八条是否具有文物价值

在拆迁的合法性中，一个重要内容就是东四八条是否具有文物保护价值。东城区房管局、区文管认为"拆迁的地方肯定没有有价值的文物"；东城区文物管理所所长李仅录说，经过他们调查，东四八条拆迁的部分没有区级以上文物保护单位，没有挂牌需要保护的院落，也没有普查登记的文物项目。

根据有关媒体报道，北京市文物局并不认同上述观点，北京市文物局一位工作人员表示，"既然已经被划进文保区，就说明肯定存在保护价值"。

开发商引用专家的书面论证意见称，包括东四八条 1～23 号单号院已经没有保留的价值，可以全部拆除。

著名文物学家郑孝燮，同时也是 2007 年 10 月东四八条危改项目论证会的专家，否定了开发商对于自己论证意见的理解。他解释，当时规划部门征求的就是关于新建综合楼具体规格的意见，并没有就这一地区是否具有文物价值、该不该拆迁征求自己的意见，他同时表示，既然已有 2005 年国务院审批的《北京市城市总体规划（2004－2020）》这一对历史文化区实施保护的最高法规，那么尚未动工建设的新建综合楼项目就应重新审批。

2005 年出台的《北京城市总体规划》强调"应进一步加强旧城的整体保护"，"积极探索适合旧城保护和复兴的危房改造模式，停止大拆大建"。

三、北京居民的看法

围绕东四八条拆迁的争论，公众的意见并不局限于合法性的争论。例如，有人就说："当年之所以大范围圈地建立文保区，意在不拘泥于一个个孤立的文物保护，而是保护不断缩小着的传统北京的人文环境，因此，东四八条被拆和待拆的房子可能不是文物，但它们绝对是文保区整体景观的一部分，不可能没保护的价值。"

由于城市化的大规模推进，作为城市记忆的旧城在开发与"城镇化"的话语中逐渐消逝。以北京为例，只有故宫成规模地做到了完整的保护，但仍然与距离并不远的前门割裂。在"公主坟"、在"大钟寺"，在一个个富有历史韵味的地理位置上，要么已经物是人非，要么则只是"圈养"的文物"孤岛"，以至于在北京大部分地区，已经看不到拥有悠久历史与文化的古城风貌，到处都是新的。

在新旧之间，北京市民间文艺家协会主席、民俗专家赵书表示，东四八条属于历史风貌保护区，房子破旧四合院杂乱都属管理不当，房子本身是没有过错的。

"我们到底需要什么样的城市？ 走在中国的大地上，从南到北，从繁华的上海、北京到偏僻的西部小县城，只要再建城市，都是推倒了建设，换上钢筋混凝土，所有的城市都是一样的"，"在一个城市中，当你看不到 500 年前的影子，看不到 100 年前的影子，甚至连 50 年前的影子都再也找不到，你会不会感到恐慌"？ 在东四八条拆迁的评论中，网友这样说道。这或许是在北京面对为数不多的成片还带有历史记忆的老建筑存亡之际需要思考的。

也有评论说，"当北京拆掉东四八条，拆掉所有破旧而凌乱的胡同，我们拿什么和雅典、罗马、巴黎比城市特色，比历史文明"？

当地的居民则表示，希望最终停止拆迁。一位私房居民说："这些老房子是元代时候的,我们对它割舍不下。"针对老房子"格局不变、外表仿旧"进行重修的建议,他认为居民完全有能力自己建,不需要通过开发商。另一居民表示,如果要强制拆迁,他们希望能走法律程序,"我们希望政府的行政诉求能通过法律的途径施行。"他说,"其实我们想和政府、开发商坐下来谈,但是却一直没有这样的机会。"

四、北京政府把东四八条列入保护区

　　1999 年,北京市政府在《北京旧城历史文化保护区保护和控制范围规划》中将包括东四八条在内的东四三条至八条列入保护区范围。规划指出,东四三条至八条均建于元代,经明清两代保存下来,"这一地区的胡同排列整齐,四合院布局规整,是老北京城典型的传统四合院区,至今仍保留着一定数量的较好的四合院。"该规划规定,对于历史文化保护区中的历史建筑,其外观要按历史面貌保护整修,内部可以进行适应现代生活需要的更新改造,改善使用条件。要采用逐步整治的做法,切忌大拆大建,不把仿古造假当成保护手段。对于不符合整体历史风貌的建筑要适当改造,恢复原貌。

编写人:中央民族大学 2005 级 MPA 研究生

广东省台山市广播电视局　林斌

讨论问题:

1. 已经列入历史文化保护区范围的东四八条是否应该拆迁?

2. 北京市政府应该怎样落实东四八条、九条的危改项目?

3. 通过此事件,你认为文化遗产保护法律和规划应如何执行?

案例 26

财政困局中的新农村建设

引言：四子王旗——一个地处祖国西部边陲的国家级贫困县，因五次成功回收神舟飞船而广为人知。全旗辖 11 个苏木、11 个乡、1 个镇、1 个牧场、122 个行政村、789 个自然村，总人口 21 万，有蒙古、汉、满等 11 个民族，是一个以牧业为主的旗，人均收入 2000 元左右。

中央提出新农村建设时间不久，在四子王旗这样偏远落后的地区，对这一政策落实的如何呢？在四子王旗办公室里，仅关于新农村建设的资料就有十多斤重，一本工作人员自制的剪报上，贴满了从人民日报、内蒙古日报、乌兰察布报上剪下来的有关新农村建设的报道，重点部分还被不同颜色的笔标划了出来。显然关于新农村建设的精神已经传达到了这里，但"新农村建设"会不会变成"形式主义"？边疆地区落实新农村建设政策的最大困难是什么？

一、贫困乡已经脱贫

位于乌兰花镇西北方向的移民村，居民大多是从贫困乡迁来的，连温饱都难以保证，因此在过去，时常发生偷鸡摸狗、顺手牵羊、聚众赌博的事情，移民村的居民在乌兰花镇人中口碑极差，大家惟恐避之不及。

　　但是现在,移民村却建成了宽阔的进村公路,修起了一条条干净整洁的硬化路和一排排整齐的砖瓦房,还新建了生态广场、活动广场。

　　在谈论移民村的变化时,一位村民说:"政府派了几个有本事的人搞社区,弄了个三三制,三分之一的搞奶牛养殖,三分之一的人搞种薯扩繁,三分之一的人搞劳务输出和家政公司,基本上家家户户都赚钱了,早把'穷帽子'摘的冒(扔)了。"

　　在谈及当年的治安情况时,一位村民笑着说,现在移民村早和小偷、赌徒、酒鬼不沾边了。据了解,乌兰花镇居民对移民村的看法也大为改观,还纷纷请移民村的家政公司帮忙干年活。

　　"今(2006)年多赚了2000元,去(2005)年干了一年才赚了800元。"巨巾号乡阿力善图村的村民王先生说,这主要得益于政府给修了公路、通了自来水、建了暖棚和贮窖。巨巾号乡的颖干部说,像王先生这样脱贫的农民今年在阿力善图村还有很多。

　　据四子王旗副旗长王岳华介绍,2005年全旗共有7个贫困行政村、46个自然村实施了整村推进脱贫计划,有0.44万人口实现了脱贫,并且实现了"通电、通路、通自来水、通电话、通邮政、通电视",还建立了科技综合服务站、医疗计生服务站、文化教育活动站。在旗机关报《杜尔伯特报》上,政府对全旗人民做出了承诺:"在建设新农村的过程中,旗政府还计划对36个行政村,4.9万人实施整村整村推进脱贫步伐。目前大规模的调研活动已经展开。"

二、基层文化站成为先锋

　　在大黑河乡太平庄村,67岁的退休职工孙铎创办的基层文化站在当地颇有名气,谈到创办文化站的初衷,孙老表示:"农民的钱袋子鼓起来了,但知识面却相对狭窄。基层文化站就是要扩大村民的知识面,丰富他们的头脑,实现科学种田、科学养畜。"

　　这个基层文化站创办4年来已经初具规模,基本能满足爱好文学和科学的村民阅读要求,并且有定时的高间喇叭广播。"没事的时候就去看书,养殖的书和社科类的书最紧俏了,常常是一个刚还另一个就借走了。"村民王先生如是说。

今年这个文化站也得到了旗政府的重视,旗委宣传部部长格宝日为这个站送去了电视三台、养殖和社科类书籍200余册。

"旗政府挺鼓励农牧民自发的文化活动。"白音敖包一位姓樊的同志特意提到,而且白音敖包和查干敖包的牧民朝格德力格尔和额登塔娜2005年在乌兰花自费举办了蒙古诗歌朗诵比赛,来自呼市、包头、锡盟的80多名选手报名参加了这次比赛。

该旗副旗长王岳华说,新农村建设虽然提出的时间不长,但是四子王旗的准备工作开展的比较早,相当于穿上鞋和没穿鞋的赛跑,所以不小心就跑前面了。他介绍,旗政府很早就把全面深化农村改革,大力发展农村公共事业,千方百计增加农民、牧民收入,加快农村、农业发展提到了重要议事日程上,相关的调研、基层工作也开展的比较细致。他表示,四子王旗的新农村、新牧区建设才刚刚起步,以后的几年中更多的惠民政策、措施、惠民工程将陆续出台,目前旗政府已经有一些规划,但还需社会各界出谋划策形成成熟的方案,共同造福于四子王旗百姓。

三、财政困局是最大的难题

"财政支持不足是制约新农村、新牧区建设的最大困难。"王岳华说起新农村面临的困难时显得有些无奈。据了解,四子王旗2005年财政收入6320万,而全旗仅工资一项所需款就达1.14亿元。因为财政匮乏,四子王旗每年农村、牧区基础设施建设、科教文卫事业的投入几乎全部要依靠申请项目资金。

"免征农业、牧业税后,旗财政就更加雪上加霜了。"旗财政局一位工作人员称。副旗长张志平也不否认这种提法,他说旗财政确实比较困难,开展新农村、新牧区建设最大的困难就在于财力不足。

　　开展新农村建设很重要的一个方面是农村社会制度的完善和农村和谐社会的构建。但旗社保局原副局长、现任医保中收主任付喜元说："因为没钱，目前四子王旗养老保险仍然没有扩大到农牧民。"四子王旗旗长朝克图也说，由于旗财政财力不足，目前农村牧区医疗卫生这一块几乎还是空白，对镇内的医疗卫生事业的投入也十分有限。在一些边远苏木还仅有一些赤脚医生和私人诊所，药品种类也很少，甚至连咳嗽药也很难买到。

　　"现在开展新农村、新牧区建设真是勒紧裤腰带，千方百计、想方设法创造条件开展工作。"旗政府办公室刘胜允副主任说，四子王旗自身的情况确实太困难了。

　　"希望国家在新农村建设的过程中对老少边穷地区能多给予一些政策的倾斜和优惠。"王岳华说。他的这一想法在当地官员中颇具代表性。他说，如果国家能够加大对这些地区基础设施的投资，帮助这些地区尽快完善公路、电力、饮水等基础设施，实现城乡之间的良性互动，通过政策引导，增强当地自我造血能力，才能尽快摆脱依靠国家输血的困局，实现这些地区农村、牧区、城镇的和谐发展。

编写人：中央民族大学 2006 级 MPA 研究生

内蒙古包头市昆区组织部　庞建光

讨论问题：

1. 如何解决偏远落后民族地区新农村建设中的资金短缺问题？
2. 农村基层组织如何发挥组织领导作用？

案例 27

G市体育场拆建之争

引言：G市体育场始建于1973年，占地3.86万平方米（65亩），是国家体委拨专款修建的体育场馆。建成之初，有水泥灯光球场一个、灰渣跑道一个、简易足球场一个，是当时西北地区屈指可数的大规模、高规格的大型体育场。由于体育场位于城区中心地带，交通便利，一直是市民们进行群众聚会、慰问宣传、文体活动、广场文艺演出的唯一综合性场所，也是市区主要公共休闲锻炼场所之一，每天清晨都有不少市民来此晨练。30多年来，"祖国第一旗"在这里升起，"心连心"艺术团在这里为山城人民进行慰问演出，"长征组歌"在这里唱起，重新燃烧起革命老区的激情，G市体育场在G市民的心中占有重要的地位。

但是，由于建设年代已久，体育场内基础设施简陋破旧，服务功能少，已经很难满足市民休闲健身和体育比赛的需要，加上脏乱差现象严重，"雨天一滩泥，风天尘土飞"，人们的户外活动更是受到限制。对G市体育场的改造就提上市政府议事日程，但市政府的改建计划却在社会上引起强烈反响，市民对体育场的去留问题争议很大。

一、市政府决定拆建体育场

G 市政府最初决定拆建体育场时认为,随着近年来城市基础设施的不断扩建,尤其是古雁岭、清水河、中心公园、九龙山半岛公园等市民休闲娱乐场所的建成,已经能够缓解市民在体育休闲方面的需求。另外,按照城市规划方案,新区正在建设一个新的固胡体育活动中心,预计建成后将成为拥有4334 个座位、体育功能齐备的 400 米跑道,一个竞技足球场和能满足各项田径竞赛的 2300 米田径看台和标准体育场的现代化体育馆。这些设施都会替代现有的体育场的服务功能,于是,市政府就决定拆建 G 市体育场。

2005 年 4 月 9 日 9 时至 18 日 10 时,G 市国土资源局公开挂牌出让 G 市体育场国有土地的使用权。石嘴山市华远房地产开发有限公司在同年 4 月 18 日的挂牌出让活动中,以现场最高报价竞得该土地使用权,即以2043.55 万元买得 G 市体育场 38660.74 平方米的 50 年使用权,规划用途为"住宅,可兼容商业"。

二、民众坚决反对

华远公司刚刚拿出第一个"全部建设开发成商品房"的提议,就在社会上激起千层浪,骂声一片,近 800 名晨练者签名上书 G 市委、市政府,要求坚决保留体育场。

2007 年 4 月 21 日,开发商在 G 市体育场刚树起一块广告牌,张贴出开发建设效果图,就被第二天前来晨练的群众撕毁。而且群众还自发组织1280 名人员在 20 米的白布上签名反对开发商改造体育场,随后不同意拆建的民众意见贴满了 G 市体育场及部分街道建筑物的墙壁,内容涉及体育场的历史,反对开发改造的理由等。毕竟,30 年的老体育场承载着山城人民深厚的感情,这旧城区中心唯一一块公众活动大型场地怎能说拆就拆?新建的休闲场所是好,但离群众住所较远,将方便群众日常生活的场所强行改建成商品房，群众自然不答应。

三、华远公司变动开发方案

为了促使 G 市政府兑现出让 G 市体育场国有土地使用权协议书中的承诺，华远公司 G 市分公司经理沈伟多次找 G 市委相关领导和部门进行协商，六易规划方案，将原来的整体商品房开发案变为商住与体育活动分区建设方案，即体育场 2/3 的土地用于商品房开发，1/3 的土地用于修建市发体育健身，休闲活动场地，且由华远公司承担修建体育活动场地的全部费用。

四、改造规划论证会

2007 年 4 月 25 日，G 市召开旧城保护与改造规划论证会，国内知名专家为此提出了一些很好的建议。与会专家并不看好华远公司目前的功能分区开发方案。宁夏建设设计院总设计师李志辉和宁夏城乡规划院院长孙晓阳、高级规划师邓万喜认为，华远公司开发方案设计存在建筑物密度太大太拥挤，运动场看台设计不合标准等缺陷。北京市规划院原院长朱嘉广认为，国内体育场跑道标准为 400 米，而目前这个方案仅为 250 米，不合标准。同济大学上海同济城市规划设计研究院，文化遗产保护规划设计院院长张恺赞同意朱嘉广的意见，她认为，G 市区开发用地并不紧张，其他地方建设密度并不大，而在此地建筑物如此密集，就显得怪异，因此不要采用目前功能分区开发改造方案，要么让开发商全部开发建设体育场，要么给开发商另换一块地方进行开发，把体育场改造修好供市民休闲娱乐。

五、政府部门的态度

G 市政府各职能部门对 G 市体育场的去留之争表现得很是谨慎。G 市城建局局长张志鹏说："以开发带体育场改造是一件好事，国家已经给 G 投资新建了一个体育馆,不可能再投资改造旧体育场,按照目前 G 的财力,只能靠开发带动改造。G 市体育场也并不是旧城区市民唯一体育健身场所,新改造的滨河公园等已经把市民休息晨练的空间扩大了好几倍。体育场功能分区改造方案并没有减少市民体育的面积,而是增加了一万多平方米,功能也由现在的 3 个增加到将来的 10 个。"

六、政府决定体育场暂停改建

市民对最初全部建造商品房的方案和后来分区建设方案都不满意。在这种情况下 G 市政府又于 2007 年 5 月初召开了由人大、政协、民众代表等部门代表参加的论证会。由于意见不统一,加上社会反响强烈,项目仍然没有开工。

2007 年 5 月 28 日,G 市政府召开通报会。G 市委、市政府认为,自政府决定实施 G 市体育场改造项目以来,重视民意,多次召开征求意见会和专家论证会,听取社会各界代表意见,决定暂停实施 G 市体育场改造项目。2007 年 5 月 28 日,市委副书记,副市长人、徐力群向群众通报了关于 G 市体育场改造项目暂停实施的决定。

2007 年 6 月 1 日,G 市政府再次召集建设、城管、财政、国土资源部门,就群众在城市建设发展方面的疑虑答记者问。在会上,G 市有关领导表达了大力发展城市公共设施建设,提升城市服务功能,以及政府支持服务当地经济建设的决心,进一步阐述了社会稳定与经济发展,群众利益与个人利益的关系,以及在当地财政相对困难的情况下,如何促进城市建设等问题,并介绍了 G 市近年来的发展,表示城市建设要顺乎民心、体现民意的原则,落实民主决策、科学决策的做法。

获知这一信息后,在这里晨练的市民均表示,当他们听到体育场暂停改造之后,终于松了一口气,并认为政府充分尊重民意的做法是值得赞赏的。他们表示,作为市民,他们也能理解政府的难处,但希望政府在条件允许的情况下,对体育场进行改建,而不是开发改造。

编写人：中央民族大学 2005 级 MPA 研究生
宁夏固原市原州区纪委　越忠全

讨论问题：

1. G 市体育场改建的决策为什么没有征求群众的意见？

2. 你认为 G 市政府的做法是不是体现了城市建设"顺乎民心，体现民意"的原则？

3. G 市政府只是承诺"暂停项目开发"，面对开发商，你认为市政府对体育场的改造项目最终会做出怎样的决策？

公共管理案例研究

1. 法国 ENA 案例教学研究

　　法国全国有公务员 400 万人,其中 26 万为聘任制公务员。法国的公务员分为 A、B、C 三个等级,法国国立行政学院是专门培养 A 级(法国最高级)公务员的学府,每年通过全国的公开竞争考试从大学生、公职部门和私营企业招收 100 名左右的学员,学制 27 个月。学员毕业后全部进入国家或地方的行政机关担任重要领导职务,可以说法国的高级公务员几乎全部出自 EAN。

　　从 1945 年戴高乐时代创建该校时起,法国国立行政学院就把自己定位为一所应用型的、实践型的学校。ENA 的培训理念是:ENA 不是用于传授单纯的学术性知识的,因为她培训的是高级公务员的后备人才,她的学员在进入该校之前已经具备了相应的学识。ENA 的培训目标是将学员所学的理论、知识转化成实践的技能,转换成工作的工具。开发和提高公务员的管理技能和行政能力是 ENA 培训的重点。ENA 的案例教学就是完全契合于和服务于这一培训目标的,是公务员行政能力开发的主课堂。

一、ENA 案例教学的比重

　　作为一所实践性的学校,法国国立行政学院的培训课程是非常独特的。在 27 个月的学制中,学员有一年的实习期,被派到省里和驻外使馆去工作,以增加他们的实践经验。实习期可以让学员了解未来的工作环境,知道未来要作些什么和怎样做。此外,学员在学校期间还要学习欧盟事务、中央和地方关系、公共管理、经济、法律等 7 门课程,每门课程由一位在职的高级公务员负责。除外语和计算机之外,全部课程都采用案例教学的方式进行。在 ENA 几乎不上集体理论课,如果出现了新的、共同性的问题,才对全年级的学员进行一次理论知识的补充。就该问题,我们曾请教 ENA 的经济学教师(现任法国总理的经济顾问),"如果学生的基础参差不齐如何进行教学"? 回答是,"指定统一的教材,经济学的指定的教材是斯迪格里茨的《经济学》,学生可以自学,但不统一上基础理论课"。案例教学在 ENA 全部教学中的比重为 60% 以上。在校期间,ENA 的学生几乎是从一个案例走向另一个案例,每天忙于写分析报告,这就可以理解为什么一些法国国立行政学院的学生说,"在 ENA 我们什么都没学"。

二、ENA 案例教学的方式

ENA 的案例教学最初是借鉴私营企业案例培训的经验,到 1982 年正式开始实行并逐渐发展到今天的案例教学模式。在 ENA,一个培训模块通常为 6 个星期,原则上分为 4 个不同的阶段。首先是开班会,介绍案例编写的方法、工具和案例编写的模式;第二是对案例进行深入的分析、研讨,撰写案例报告;第三是对编写的案例报告进行评审和评估;第四是召开总结会,对报告的修改提出建议,对案例教学的情况进行测评,将预期目标与实现成果进行比较,讨论有哪些缺漏,如何改进和完善。实际上,这只是理想的案例教学过程,ENA 的教师也承认,在 ENA 这样完美的过程很难实施,因为 ENA 不是一个学术性机构,她的教师都是现任的高级公务员,他们经常是只完成了前两步,后面就靠学生自己去解决了。

ENA 的教学案例包括以下组成要素:A、资料集和提出需解决的问题; B、供学员参考的可能的解决方案;C、关于教师和培训者使用案例的说明; D、作为教学例子的最佳学员的文章;E、补充材料,该案例是否已经得到解决。一般情况,学生能看到的只是第一部分。供学员参考的可能的解决方案,有时会在学员完成报告后发给大家,供学员找出自己的不足。最佳学员的报告往往是得分较高的学员的文章。教师的判分标准不是根据报告结论的对和错,而是根据学员的分析和论述。对是否应在巴黎建第三个机场的案例,ENA 的老师给我们展示了两份结论相反的学生报告,但报告的成绩都是最优。

ENA 的教学案例是由授课教师亲自编写,法国总理的经济顾问在 ENA 兼任经济学教师,他向我们介绍,编写一个教学案例一般需要 25 个小时。根据不同的教学目标,使用不同的案例。对于一个成型的案例,目标是让学生对已选择的资料进行分析综合归纳。学员在此过程中将锻炼快速阅读的本领,提高分析归纳的能力,学会制定决策,完善写作技巧,掌握一些工具和方法。对于一个只提出了问题的案例,学员应当组织案卷,收集资料,制作资料集和提出解决方案,学习的过程侧重于研究和分析。案例不同,学员完成案例报告的时间也不同,可能是 4 小时、4 周或 4 个月。

案例教学的主要方式有:(1)小组式。将 100 名学员分为 20 人左右的小组,每一个小组准备一份案例报告。时间可以是几天、数周或数月。小组成员分头找资料,最后由一人完成报告。成果可以是一份有附录的报告或一次答辩。答辩可以进行角色扮演。在角色扮演时可以录像,供以后进一步分析。小组式的研讨还能教会和锻炼学员如何在集体中工作,因为每个小组最后只有一个成绩。在欧盟专家给中方学员组织的培训班上,我们也尝试了一次角色扮演的案例教学。案例来自云南,是关于在怒江修梯级电站的决策。专家将学员分成三组,第一组代表云南的专家和怒江州的州长,他们力主修电站,要求"给怒江人民一条生活出路";第二组代表生态和环保专家,他们坚决反对修电站,要"给子孙留一条原生态的河流";第三组是仲裁委员会的专家,负责提问和仲裁。三个小组经过认真的准备后开始辩论,大家各持一意,谁也没有说服谁。但课后大家反映,案例教学的方式确实很好,一是它调动了每一个人的积极性,谁都不能偷懒;二是角色扮演给大家留下了深刻的印象,相信参加过讨论的教师今后都会关注怒江大坝的修建问题;三是对于地方经济发展和环保问题大家有了典型接触,对今后处理这类问题有一些经验。欧盟专家对大家的表现也很满意。

(2)单独式。学员可以在家或在学校完成案例报告,一般 3 或 4 次在家,然后一次在限定的时间内完成,以测试学员的能力。也有用 6 个月时间完成的案例,学员要花 2 个月的时间准备,也许还需要到国外进行调研,最后形成报告。

三、ENA 与哈佛案例教学的比较

ENA 的案例教学是用于职业培训的,它的目标是处理真实的职业生活中的现实问题,寻求可行的解决方案,而不是大学里教师用于证明理论和解释规则的。因此,ENA 的案例自成体系,与英、美等高校的案例在性质、使用方法和内容上存在着巨大的差异。

(一) 来自现实的真实的案例

与美国哈佛等高校的经典案例不同,法国国立行政学院坚持用正在发生的事情让学生作案例。在 ENA 负责案例制作的教师都是从事具体工作的专业人员,他们常常从自己负责或解决的案例入手,同时在开始案例教学之前,也征求行政机关的意见,了解行政机关目前关注和需解决的问题,如今年的案例就是结合政府正在进行卫生制度的改革而编写的。

(二) 未经修饰的原始案例

来自现实的真实的案例还有一个特点,文件必须是近期的和真实的,没有被修改和润色的,保留了真实生活的无序性和复杂性。哈佛大学的案例则不同,为了使证据和解决方案更有说服力、更容易记忆,案例不再是原始的真实的材料,经过了人为的简化和美化,就如同法国凡尔赛宫的美丽园林,每一棵树、每一根经过认真的修剪,ENA 的案例则完全是英国的园林,保持了自然的原生的状态。

(三) 新鲜的、随时被更新的案例

ENA 的案例强调的是"现在进行时",是新鲜的(像新鲜牛奶一样,超过

一个星期就不再使用），使用一次之后就被丢弃，如需再次使用，必须要紧跟时事不断更新。哈佛大学的案例则是传统的、几批学生都可以使用的持久的经典的案例。这也就是大学的案例可以印刷出版，编成案例集，而 ENA 的案例只有打印稿，用过之后往往被学生丢进纸篓的根本原因。

（四）开放的、没有结论的案例

由于 ENA 是用现实的、正在进行的问题作案例，因此，这些案例是开放的、没有结果的，学员可以充分自由的设想解决方案，不同的小组可以有全然不同的方案。但大学的案例有时是封闭的，有理想的和成形的解决方案，学生不需要提出建议，只要找到这些建议方案就可以了。

四、ENA 案例教学的管理与考核制度

ENA 对高级公务员的培训之所以如此成功，除了有效的案例培训方式之外，严格的管理与考核制度也非常重要。ENA 的学员自己说，他们在 ENA 时"像疯子一样学习"。

ENA 的案例教学是一种功能强大的教学方式，它对学习者有较高的要求，学员不仅仅是被动的听课和记笔记，而是要发挥主动性和积极性，要调动所有的知识、能力，解决一个现实的和真实的案例。如在巴黎兴建第三个机场的报告，就是一个真实的案例。2002 年，法国政府已决定重新审查在巴黎盆地兴建第三个机场的一揽子计划。对是否应修建第三个机场，有无可替代的方案及如果修建在那里选址等问题，教师要求 ENA 的学员为即将参加总理会议的部长提交一份报告，内容包括背景资料、文件附录和解决方案。ENA 的学员对此问题进行了讨论，每人提交了一份 50~70 页的案例报告。老师将最优秀的报告展示给我们，该学员最后的结论是：推迟第三个机场的建设，优化目前现有的基础设施等。这一结论与法国政府最后的决定不谋而合。

对学员来说，做这样一个案例，工作量和难度是相当大的。ENA 的学

员在学校期间要学 7 门课程，每门课平均作 15 个案例，2 年下来，大小案例要作 100 多个，这就是 ENA 的学生为什么要"像疯子"一样学习的原因。

此外，ENA 还有一套严格的考核制度，且考核的成绩与学员未来的就业密切相关。ENA 的学生进入学校后，就不断的被评估和考核。对学生所做的每一个案例都有评估。主要是三个方面，一是看学生是否知道问题的来源？是市场引起的，还是政策等其他原因引起的；第二是看学生是否提出了解决问题的方案，解决问题的方案是很多的，老师并不要求统一的答案；第三是看学生是否读懂了资料特别是数据；第四是看学生的建议是否清楚明白。最后的毕业考试非常重要。学员要在限定的时间内，一般是 6 小时左右完成一份案例报告。考官由非 ENA 教师组成，有以前在学院教过学的人、有大学的教师、也有政府的现任官员等。这些考官是独立的，他们的评分标准从 0～10 分可以选择。学生的排名以最后评分为准，学员的就业也与他们的排名密切相关，排在前几名的学员可以选择到行政法庭院、财政部、审计法庭等好机构任职，排在后面的学员很可能到外省任职，当然，ENA 的学员毕业后是可以全部就业的。

五、比较与借鉴

通过分析 ENA 的培训体制和案例教学方法，值得我们学习和借鉴的有三点：

（一）特别重视和主要从事高级公务员后备人才的培训

法国国立行政学院特别重视和专门从事高级公务员后备人才的培训。高级公务员是公务员队伍的精英群体，把社会上的优秀人才吸收到公务员的队伍中来，再通过专门的培训把这些优秀的人才输送到高级公务员的队伍中，是法国 ENA 培训的主要职能。通过这样的培训一方面确保了高级公务员队伍的整体水平，同时也确立了 ENA 在国内的地位和影响。

(二)公务员行政能力是培训的明确目标

ENA 公务员培训的目标十分明确,就是提高公务员的行政能力,而非理论素养。因为公务员的培训,特别是对高级公务员来说,重要的不是增加学术性知识,而是要开发和提高解决实际问题的能力,培训的目标是把公务员已有的理论、知识转化成一种行政的能力,如果出现一种新的理论和某个新的问题需要对全体学员进行知识的补充,那也不是培训的主流,公务员在培训中理论素养得到提高,也被认为是培训的副产品。

(三)案例教学已成为主要的教学方法

与高级公务员培训的目标直接相关,案例教学已成为实现培训目标的主要教学方法。与美国哈佛和一些大学的案例教学不同,法国 ENA 的案例教学是为提高公务员行政能力而量身定做的,它的目标是处理真实的职业生活中的现实问题,寻求可行的解决方案,因此,它已成为一种功能强大的、多面的教学工具。认真学习 ENA 的案例教学方法,对提高我院和全国行政学院案例教学的水平,有十分重要的借鉴意义。

(作者　史美兰　原载于《国家行政学院学报》2004 年第 5 期)

2. ENA:60 年后的重大改革

　　ENA 是法国国立行政学院的简称,是一所全球闻名的专门培养高级行政官员的学府。在 60 年的发展历程中,ENA 的毕业生中出了两位法国总统,德斯坦和希拉克,7 位总理,法比尤斯、巴拉迪尔、朱佩、若斯潘和德维尔潘以及 8200 多名各级政府官员。正因为有如此辉煌的成就,ENA 在全球享有极高的声誉,是名副其实的"法国高官的摇篮"。

　　60 年后,ENA 并没有在这些荣誉面前止步不前,经过精心的设计,ENA 正在进行一场从学制体系、课程设置到教学内容的全面改革,同时,ENA 的校址也从巴黎正式迁往位于德法边境的斯特拉斯堡。ENA 的改革和搬迁在法国的政府部门影响巨大,已成为全国上下关注的政治事件。而 ENA 对学制体系、课程设置和教学内容的改革,对我国改革干部培训体制和方式也有一定的借鉴作用。

一、ENA 改革的背景

　　改革是为了适应欧盟发展的需要。随着欧盟成员国的不断增多,有关欧盟的事务在不断扩大,欧盟内部的协调和管理越来越成为法国高级公务员要面对的重要工作。公务员要熟悉欧盟的各项法律法规,要善于协调欧盟各成员国的关系,有许多工作对公务员来说是新的内容,需要学习和培训。ENA 的改革正式为了适应和满足欧盟发展的需要,在 ENA 公务员培训课程中,加大和突出欧盟事务的内容,使法国未来的高级公务员能够从容面对未来的工作。同时,ENA 从巴黎迁往斯特拉斯堡,也表示了法国人对欧盟事务的极大关注,因为在法国,斯特拉斯堡是唯一一个有欧盟机构的城市。

改革也是为了适应法国政治的发展。地方分权制改革是法国近几年推行的一项重大的政治改革。法国的分权制改变了法国中央和地方的关系,国内的政府管理也在发生变化,越来越多的学员毕业后可能要到地方去工作,因此需要学习处理地方事务的本领。改革而是为了适应这种地方分权的需要,使学生掌握并能适应地方工作的要求。同时,加强对地方政府管理的学习,也是要改变人们对 ENA 太巴黎化和太精英化的批评。

改革还是为了使学员更有竞争力。长期以来,ENA 在法国公务员体系中有一定的垄断性,要进入法国高级公务员的队伍必须首先进入 ENA。一旦被法国国立行政学校录取,学生们经过努力学习,毕业后全部可以进入公务员队伍,学习排名在前 15 或 20 位之内的学生,还有望进入国家机关的核心机构。有关人士说:"凭国立行政学校毕业生身份,你可以找到一份好工作。"因此,ENA 在法国是许多年轻人想往的学校。但加入欧盟后,ENA 的这种垄断被打破。欧盟成员国的增多,人们选择的范围扩大,人们完全可以选择到英国等一些大学如伦敦金融学院学习,毕业后同样可以找到很好的工作。另外,这所学校如今虽仍令人向往,却在渐渐失去昔日的高傲。有些毕业生放弃公职,转入私营部门和企业谋求发展。ENA 的改革就是使学生更有能力,在社会中更具竞争力,适应社会的新的需要。

二、ENA 的学制改革

从 1945 年戴高乐时代创建该校时起,法国国立行政学院就把自己定位为一所应用型的、实践型的学校。ENA 的培训理念是:ENA 不传授单纯的学术性知识的,因为她培训的是高级公务员的后备人才,她的学员在进入该校之前已经具备了相应的学识。ENA 的培训目标是将学员所学的理论、知识转化成实践的技能,转换成工作的工具。开发和提高公务员的管理技能和行政能力是 ENA 培训的重点。

　　为实现这一培训目标，ENA 从成立之初就建立自己特殊的学制。ENA
每年通过公开的竞争考试从大学生、公职部门和私营企业招收 100 名左右
的学员，学制 27 个月。学员毕业后全部进入国家或地方的行政机关担任重
要领导职务。这样的学制是根据公职部 1982 年 9 月 27 日第 82 - 819 号部
令，以及由公职部批准的学院内部管理条例进行组织的。在 27 个月的学制
中，分为第一年的实习期和第二年的学习期。在第一年的实习期，学员被派
到省里去和驻外使馆去工作，以增加他们的实践经验。实习期可以让学员
了解未来的工作环境，知道未来要作些什么和怎样做。此外，学员在学校期
间还要学习欧盟事务、中央和地方关系、公共管理、经济、法律等 7 门课程，
每门课程由一位在职的高级公务员负责。除外语和计算机之外，全部课程
都采用案例教学的方式进行。

　　这种学制的特点是突出实习的重要作用，但也存在实习活动与教学内
容相对脱节的问题，学员在第一年的实习过程中遇到的实际问题不能及时
得到教师的指导和理论深化。经过借鉴世界各国行政学院的经验，ENA 决
心对这种延续了近 20 年的学制安排进行重大调整。

　　学制改革总的原则是：教学与实习交替进行，使实习活动与教学内容相
互补充。具体安排是：学员在 2 年的学习过程中，每个学年安排一次 4 ~ 5
个月的实习，这两次实习一次到中央政府，一次到相关企业。第一次是行政
实习，一般在省政府、驻外使馆或外国行政部门进行，特殊情况下也可以在
巴黎地区的行政机关进行。学生往往被临时委派担任重要职务，如省长办
公厅副主任、驻外大使助理、市长助理等，其工作由行政首长直接领导和分
配。实习的目的是为学员提供行政实践的机会，提高行政管理的能力。第
二次是企业实习，企业实习在工业、商业、金融等公私企业进行；实习导师通
常由企业最高负责人担任，导师根据学员要求，就企业中某些方面的问题挑
选适当部门或领域，让学员参与其活动，学员可参加企业某些重要会议，了
解一些重要决策做出的过程。

　　每次实习之前，要进行 3 个星期的实习预备教学，邀请实习相关部门的
主管官员或企业负责人介绍现实情况，还开设一些相关讲座，使学员把握一

些必要的背景知识和实用工具。在实习过程中,为每个学员指定一位导师,导师通常是省长、大使或企业高级经理,学员以导师助手的身份参加实习,并可以取代导师工作班子中的任何一个职务,这就使学员能够真实地介入政府或企业的实际管理过程。实习结束前,学院实习部要派专人到学员实习的部门,对学员实习期间的表现进行评估。实习结束回到学院以后,还要安排 7 个星期的深化教学,以帮助学员把实习过程中获得的实践经验上升为理论。

三、ENA 的课程改革

ENA 公务员培训的教学体系是以能力培养为导向的,侧重于对实用技术和实际工作能力进行最有效的培训。在培训内容上,ENA 注重紧密联系政府工作的现实问题,以政府当前面临的重大问题为研讨专题。因此,ENA 培训课程的设置与高校不同,不是按学科专业分置的,而是服从于政府工作发展的实际,按未来高级公务员的工作需要设计了不同的培训单元,每个培训单元带有较强跨学科性质,这些课程体现了法国公务员的职位要求和工作框架。

从 2006 年开始,ENA 根据未来公务员工作的需要,把主干课程分为 4 个单元。第一单元是有关欧盟事务的课程。该课程是向学生提供欧盟的各个组织和机构的各方面业务知识,包括欧盟基本政策的制定和实施、决策机制、欧盟机构与各成员国的关系,还包括各成员国政府间合作、部际协商程序及与法国行政部门的联络等,目的是使每个高级官员能够随时妥善处理与欧盟及其它成员国的关系。

第二单元是地方行政管理课程。这组课程旨在让学生深入了解和学习法国地方行政管理的方法和操作程序。地方行政管理包括中央政府分散在地方的派出机构的工作与地方议会政府(市镇及其联合体、省和大区)工作的友好相处和协调。课程同时包含国家行政管理和地方议会政府行政管理的内容,因为国家的权力下放政策已使国家和地方议会政府根据各自的职责行使行政管理的权力,地方议会政府也已承担了公共服务管理和实施国家政策的重要角色。

第三个单元是公共管理课程。公共管理作为必修课程主要是提高学生的职业技术能力和业务素质。这组课程的目的在于,使学生熟悉管理的基本概念,向学生提供管理评估的分析方法,主要内容包括:成本分析和财务分析、金融决策、组织管理战略和结构,人力资源管理,传播交流等。

第四单元是学员毕业前的专业化升华,通过一系列综合案例作业,考察学员的综合素质和行政能力。ENA 还将继续保留学员毕业排名制度,学员根据自己的排名顺序,选择未来工作的部门和岗位。有些部门是根据学生的成绩进行选择的,如外交部,如果有 10 个空缺,那只有前 10 名学生可以入选。正如法国前国防部长让 – 皮埃尔·舍韦内芒所言:"法国国立行政学校是一所从入学到毕业都要进行选拔的学校。"

四、ENA 案例教学的改革

案例教学是 ENA 对未来公务员培训主要方式。几十年来,ENA 独具特色的案例教学方式不仅在公务员培训中发挥了良好的效能,而且由于 ENA 的案例全部来自政府部门、由高级公务员直接执教和为学员量身定做的特点,已成为区别于哈佛等大学体系的另一种案例教学模式。

这次 ENA 的案例教学改革主要注重三个方面:

首先是注重案例开发,强化开发团队。在案例的开发和编写方面,ENA 有自己独特的方式。案例由在职高级公务员提供和编写,都是从政府部门直接获取的真实情况。保持案例的真实性和新鲜感,一直是 ENA 案例教学的一大特点。在这次的案例教学改革中,ENA 在仍然坚持这一原则的基础上,加强和注重了案例开发团队。改革后,ENA 的每一个教学模块案例开发由一个高级公务员团队负责,一般由 10 ~ 12 人组成,有一位是领导。根据课程的时间安排,商定案例的大致方向和数量,在与学院教务部门沟通后,团队中有 1 ~ 2 人负责案例的主要编写工作。案例提纲完成后,要由团队的领导审定,审定通过后,开始编写案例。一般 1 个月完成提纲,2 个月完成案例。案例完成后是否能上课堂,案例开发团队的领导要与 ENA 教务部协商,经学院同意,才能走上课堂。

ENA 的案例开发团队,既保证了案例的真实性,也保证了案例教学的针对性。

其次是扩大案例来源,增加案例的多样性。改革前,ENA 的案例多是一些大案例,一般在 50 ~ 70 页。学习和完成这样一个案例要很长时间。改革后,ENA 扩大案例的来源,增加了一些小案例,案例的内容更多样化,适合学员学习和锻炼多种技能。教务部主任给我们介绍了 ENA 两个新案例。第一个案例是法国某省发生的公务员集体罢工事件。事件的概要情况是,在法国,省一级政府发生劳资冲突的事件并不多见,但在 1998 年时,布列塔尼省一位新上任的省长在处理一个具体问题时与公务员工会发生分歧,引发了为期 2 天的公务员集体罢工事件,此事引起了媒体的关注和报道。开课的前一周,有一系列相关背景材料发给学员,包括:该省政府中公务员的数量和基本情况表、有关罢工权利的法规条文、公务员工会的相关材料、省长给内政部的公文报告、报刊上关于此事件的相关报道、行政总署专员现场调查后写的报告。在教学中假设,学员是内政部人事司司长,要求每位学员经过 6 个小时的个人准备和当堂讨论,起草一份处理该事件的解决方案,向部长报告。

第二个案例是一个有关国际问题的事件。2005 年 3 月 20 日,法国外交部长到英国访问期间,某国际组织向他递交了一个有关阿富汗反毒品的计划,要求法国政府表明态度。假设学员是外交部亚太司的一个参赞,要求学员为部长起草一份呈文,表明法国政府在此问题上的立场。学员会拿到一份 15 页的资料,其中包括报刊上有关此问题的文摘、类似事件的呈文摘要、有关国际条约摘要、法国驻阿富汗大使馆给外交部的相关电报。这个案例练习的难处在于,此事件不是对外交常见主题表明法国政府立场,它涉及到法国需要单独表明什么态度,与欧盟其他国家如何协调,还涉及到法国在阿富汗重建中的切身利益。

这两个案例主要是培养学生在复杂的事件中，准确识别信息，对突发事件快速做出决策的能力。

第三是推出综合性多学科案例。ENA 的改革是从公务员未来面临的任务出发，目标是增强公务员的综合行政能力。与 ENA 改革后综合模块的课程设置相配套，ENA 的案例教学也推出了一些多学科、综合型的案例，通过这样的典型案例，开发和锻炼学生的多种能力。在欧盟事务这个模块中，就有包含经济、法律、谈判技巧、人际沟通等多型内容的案例。其中一个案例是模拟 25 个欧盟成员国参加的关于欧盟共同农业政策的谈判。教学中，将学员分成 25 个小组，每个小组代表一个欧盟成员国，课堂讨论的前 10 天，每个小组都会拿到一份简单资料，介绍该小组所代表国家农业的相关情况，该国代表在谈判中要达成的目标，以及谈判中要与哪些国家开展合作并达成协议。案例教学过程实际上是一系列的模拟谈判，从早 9 点一直持续到晚 6 点。教师作为谈判的主持人掌握整体进展情况，担任该案例课程的主持人是法国政府在欧盟共同政策谈判中的高级官员。判断各小组谈判成败的标准是看他们是否通过谈判达到了所代表国家的预期目标，如果谈崩了，就算失败，拿不到分数。

这样的综合型案例组织难度很大，需要不同学科的教师相互配合，还需要对案例的进程进行严格控制，对学生在案例教学中出现的问题随时进行指导。同时，教师还要注意学生在学习中的差别。当然，这样的案例对学生的锻炼也很明显。我们在案例教学的实践中也遇到了案例内容的综合性和教师单学科讲授的问题。ENA 的做法，对我们下一步的改革，有很好的借鉴意义。

（作者　史美兰　原载表于《国家行政学院学报》2006 年第 5 期）

3.体会哈佛案例教学

哈佛大学的案例闻名遐迩。在国内,几乎所有的 MBA 学子都必在课程中阅读哈佛案例,凡市面流行的管理类书籍都必有对哈佛案例的长篇论述。我也很早就在书本上研读过哈佛大学的案例。但是,只有当我真正到哈佛大学肯尼迪政府学院学习之后,才知道书本上的哈佛案例和亲身感受的哈佛案例是大不相同的,有许许多多的东西是在教科书上读不到的。

兰德尔院长在 1870 年的开创

哈佛大学的案例教学可以追溯到 100 多年前。1870 年,兰德尔出任哈佛大学法学院院长时,首次将案例引入法学教育。

19 世纪 90 年代,哈佛医学院开始引入案例教学方法。案例教学法在法律和医学教育领域中的明显成功激励了商业教育领域。1908 年哈佛商学院正式成立时,案例教学法又被引入商业教育领域。从 1909～1919 年,商学院请管理人员到课堂提出管理中的问题,然后要求学生写出分析和建议。新院长华莱士·B.唐哈姆是一位由案例法培养出来的律师,他看到了在行政管理领域使用案例的重要性,并全力推动哈佛商学院投身于案例教学法。在他的促进之下,科波兰德博士于 1921 年出版了第一本案例集。由此奠定了管理教学中案例教学法的基础。直到 20 世纪 50 到 60 年代,哈佛商学院在福特基金会的资助下,连续举办了 11 期 8 周制的案例教学暑期研讨班,邀请了 20 多名管理学院院长与资深教授来参加,才逐步就案例教学的意义、特点与有效性建立了初步的共识,为其推广提供了认识上的基础。同时,哈佛又创建了它的"校际案例交流所",为全美各院校提供了方便而丰富的案例供应源。

哈佛案例教学的理念

100 年之后,案例教学已成为哈佛大学独具特色的教学方式,教学的组织和管理围绕着案例教学展开,基础知识课仅占很小的比例或者没有。在哈佛商学院,所有的课程都用案例教学,肯尼迪政府学院 60% 的课程用案例教学。商学院 MBA 的学生两年中要学习 400～600 个案例,肯尼迪学院 MPA 的学生 2 年中学习 100～140 个案例。肯尼迪政府学院对外国官员进行的公共管理培训,也同样采取案例教学的方式。我所参加的中国公共管理高级培训班在肯尼迪学院已经办了 3 期,每期培训班全部采取案例教学的方式。我们在培训期间学习了 53 个世界各地的案例。案例教学已成为哈佛大学教学的突出特色和鲜明品牌。

为什么要进行案例教学,哈佛人有自己的理念。教学方式与哈佛的培养目标密切相关。为未来的政府和企业培养领导人是哈佛十分明确的培养目标。从进入哈佛大学起,就开始树立学生的这种领导意识。

哈佛商学院是培养公司 CEO,肯尼迪学院培养政界领导人,神学院是宗教领袖。作为未来的领导人,培育学生的学习能力、创新能力和在不可预见的情况发生时灵活处理问题的能力至关重要。这种能力不可能通过传统的"粉笔＋讲课"的教学方法获得,而案例教学是培育学生学习能力、创新能力和磨练他们战略决策能力的最好方法。

什么是哈佛的案例教学呢？经过亲身学习,我体会,哈佛的案例教学是一种启发式、讨论式、互动式的教学形式,它的主要特点是把现实中的问题带到课堂,把教学的双方带到矛盾的冲突之中,把枯燥单调的理论章节,变成解决真实问题的公开讨论,把教师的单向教授变为师生之间的教学相长,把个人的思路变为集体的智慧,把一个战略性的束之高阁的理论框架,变为解决公共管理现实问题的可操作的实践。教师的讲授,不在是提供问题的答案,而是告诉你一个观察问题的视角,提供给你一个分析问题的方法。这种教学方式,针对性和实用性很强,充分调动了每一个学员的积极性和创造性,老师与学生之间可以相互学习,同学之间也可以相互学习。通过这种学习,力求把学员已有的理论素养,知识文化,转变成一种解决真实问题的行政能力。

极度开发学生潜能

哈佛的案例教学是一种无结论的课堂讨论,教学的目的不是告诉大家问题的答案,而是告诉大家解决问题的各种可能性和方法。哈佛的教授认为,案例教学没有正确的答案,只有不同的解决问题的方案,通过案例教学,训练的是一种系统思考问题的方法和采取行动的勇气与决心。也许你来学习时只有一个问题,学习后会变成 10 个问题。但同时,你解决问题的方法会增多,思路会开阔,处理问题的自信会增强,决策和管理的能力也会提高。

哈佛案例教学最重要的收获是同学之间相互学习。在案例教学中,教师已不是传统意义上的知识的传授者,而更多的是课堂讨论的组织者,教师通过启发、引导和总结,汇总大家的智慧,总结集体的经验。因此,哈佛的教授说,案例教学,30% 的收获来自教师,70% 的收获来自同学。实际上是同学之间在相互学习,相互交流自己的人生经验。

案例教学是极度开发学生潜能的一种教学方式,它能最大限度的调动每一个学生学习的积极性和创造性。案例教学首先是课前的认真准备。学生必须利用课余时间认真阅读案例,包括记住案例中的关键数字,回答案例后面的提问,准备好你自己的建议方案等。一般需要 4~6 小时。其次是课堂上的积极表现。案例教学 50% 的成绩来自课堂参与,参与度不是靠教授的印象而是有录像为证。如果你不抢着发言,也许就始终没有发言的机会,自然就没有成绩。此外还有一种"冷点名"(COLD CALL),教授会专找不爱发言的同学,"某某同学,请你讲解一下今天的案例"。如果你没有认真准备,结果可想而知。哈佛每年有 15% 的学生不合格,因此同学之间竞争非常激烈,课堂成为学生表现自我的战场。在课堂上,你必须充满自信的发言,你必须提出独到的见解,你甚至要反驳老师的观点,才会得到好的成绩。经过这样一番锻炼,难怪哈佛的毕业生既有很强的自学能力,又对自己充满了自信。第三,课后,教授会开出一系列书单,从中你会找到分析此案例的理论支持和必要知识。如果是你学过的,你可以巩固提高,如果你没有学过,就要认真补习。

什么是一个好的哈佛案例

哈佛大学的案例有不同的类型,其中有教学案例和研究案例之分。教学案例一般是为教学目的由专人收集资料编写而成的,它的特点是简化和有选择性。一个案例一般说明一个问题,如香港禽流感的案例,为了说明政府在危机爆发时应如何与民众沟通。

研究型的案例比教学案例更丰富、更贴近现实,把现实问题摆出来,有一定的深度,比教学案例更难写,更容易引起争论。如果说教学案例有一个核心问题,有一个难题,那么研究型案例就有几个难题,头绪更多,更难把握。

哈佛人认为,一个好的教学案例有 5 大因素。

1.在教学上的用处。在选择案例时,最重要的问题就是,"它在教学方法上提出了什么问题?"这些问题可不可以通过别的案例提出?第一个问题使得我们在选择案例时更有效率。思考第二个问题,可以让我们避免一个经常出现的错误:花很多时间写出一篇上乘的案例,但却永远用不上。

哈佛的教授考虑一个案例在教学上的价值时,首先考虑它说明了一个什么理论,因为"每一个案例都需要理论。"不能通过案例故事来说明一个理论,尽管其中包含了有趣的故事,包含了很多有趣的问题,但它不能成为一个好的教学案例。

2.引发冲突。有时我们不得不放弃已经开始准备的案例,其中一个重大原因就是缺乏冲突。争议性是对一个案例开展讨论的基石:它可以让学生思考并辩论。在案例讨论中,学生可以了解一般的理论,可以知晓别人的观点,案例的讨论没有绝对正确的答案,而只有基本的问题。具有争议性的问题是一个教学案例必要条件。

3.强制性的决定。争议通常出现在需要作决定的时刻。一个好的案例通常强迫学生做出自己的决定。这会使他们从参与者的角度来思考问题,也会使他们更有紧迫感。这种强制性的决定分为采取行动走向性和回顾性两种。前者让读者从政府官员的角度来思考如何采取行动解决一个具体的问题。"如果你在某某人的位置,你将如何办理此事?为什么?"相比之下,回顾性案例把整个故事全盘告诉你。在此,最关键的问题是,"你如何评价某某人的作为,为什么?"

4.案例的综合性。一个好的案例还要有综合性,能涵盖更大的管理和分析上的普遍性的问题。换言之,如果一个案例只是很特别,它可能在教学上并不是十分有意义。但这并不是说特别的事件不构成好的案例。古巴导弹危机是一件非常特别的事件,但它同时也是个非常好的案例,可以让我们学到很多东西,比如组织的常规对事件和决定的影响。

5.教学案例要简洁。要围绕一个难题展开,不要头绪太多。为了让学生看到一个案例广泛的重要性,课堂讨论必须有一定的综合和抽象的高度,要谈到管理和分析的原则性问题。太多的事实会让学生专注在细节上,所以,教学案例一定要简洁。但同时,长的案例也可以让学生能区分什么是有关的,什么是无关的,学会找出重要的东西。

总而言之,一个好的案例需要有好的文笔,严谨的研究以及老师的密切参与。

怎样编写哈佛案例

哈佛的案例编写,已经形成了一个有序的框架。

第一,明确案例编写的目的。编写案例的目的是为了课堂讨论:它使得学生通过实际参与者的角度,体会到他们自己将来在工作中可能遇到的问题。为此,案例里的故事是政府官员讲述他们自己曾遇到的情形以及其中的复杂性。这里的目的是要生动地再现政府机构或官员常常所遇到的问题及责任。案例既不是有权威性的历史文献,也不是为了传播系统的信息。

第二,开展案例研究工作。案例只是教学的一个工具,案例研究要围绕教学目的展开。在选好课题后,案例的研究有两个阶段。一是图书馆研究。图书馆研究是快而经济的方法,用图书馆的资料来熟悉案例的背景情况。二是采访阶段,为了了解你所要写的案例的细节,必须进行采访,这是案例研究的最困难的阶段也是必需的阶段。

第三,开始撰写案例。案例撰写的核心一定要提出一个超出常规的难题,如何解决这个难题,就成为关注的焦点。案例的开头要有吸引力的人物和事件，就像一把钩子，牢牢地钩住观众，不得不往下看。接下来应介绍背景材料，告诉大家事件发生的原因，让一般读者了解。接着是展开故事的情节，可以按时间、空间或不同的机构顺序展开，关键是让读者了解事件的全貌。案例的结尾很重要，一定要留下一个思考和讨论的空间，不要把故事的结尾告诉大家，如果需要，可以准备一份案例的结尾，在课后发给大家。

案例的写作有两大忌。一是不要分析，这是学者们常犯的一个错误。在案例教学的方法上，分析是学生的任务，写案例的作者只需要提供原始材料，不需要提供分析观点。二是不要改编。一个案例的可信度来自撰写人的中立。我们用来自采访的原始材料论述和表述种种观点时，一定不要改编，不要加入个人的观点。同时注意正反两方面的观点都要有，才能平衡。

第四，发展出教学计划。一个案例编写完成后，必须发展出一个相应的教学计划，为实施案例教学服务。内容应包括：如何提第一个问题；提问的顺序是什么；预期中的讨论方向；如何应对预期外的方向；如何使用黑板和其他工具；如何进行总结等。

案例编写是需要经费的，哈佛案例编写的经费一部分来自企业和赞助方，一部分由学院提供。哈佛大学每个案例的制作费用约在几万美金。哈佛的教授认为，没有必要的经费支持，不可能写出优秀的案例。同时，哈佛大学也非常注重案例版权的保护，每个案例下面都注明版权所有和使用的办法。据我的了解，如果将哈佛的案例编辑出书，每个案例的版权费是 500 美金，如果在课堂上使用，每位学生 2 美金。我们在哈佛的培训之所以付出高昂的培训费用，主要也是支付案例使用费。

谁来编写哈佛案例

案例库和案例制作中心是哈佛实施案例教学的坚实基础。没有一个成型的案例库和一批专门从事案例编写的人员，很难保证案例教学长期和有效的开展。在哈佛大学肯尼迪学院设有公共政策案例库和公共政策案例中心。

肯尼迪学院的霍华德·休索克教授从 1987 年起担任案例中心的主任，他负责肯尼迪学院案例的编写组织和销售工作。在哈佛学习期间，他亲自给我们上了多次案例课,他讲课的案例,关于香港禽流感和香港屋宇署的案例,都是他本人亲自编写的。此外他还编写了600多个世界各地公共政策的案例。到美国后我又多次与他交谈,学习和了解哈佛案例教学的情况。在离开哈佛时,教授告诉我,现在在肯尼迪学院的案例库中有1800个案例,每年还要增加20个左右的新案例。在肯尼迪学院,设有专门的案例编写小组,有6名案例编写员。除少数任课教师自编案例,肯尼迪学院绝大部分的案例是由这个小组的专业人员编写的。其中最受欢迎的案例约有100个。学院非常注重开发国际性的案例,特别是发展中国家的案例。在我们学习的案例中有一个关于北京平安大道改造的案例,就来自中国,国家行政学院的教师也参加了该案例的调研工作。

哈佛大学非常重视案例的编写和规范化管理。哈佛大学在教学中使用的案例全部经过认真的编写,绝不是直接来自新闻媒体和当事人提供的材料。每个案例的下面都标明有某某教授指导,某某人撰写,为某个项目所用。哈佛的许多案例确实取材于发展中国家,而有些案例是由哈佛学习的学生提供的素材,但都经过哈佛教师的认真编写,使其符合哈佛案例教学的方式。哈佛的案例有长有短,有的案例只有一页,有的案例有上百页。有些案例年代久远,但大部分案例是发生在最近的事例。

哈佛案例教学需要什么样的教师

案例教学与一般基础理论课相比,对教师有更高的要求。哈佛大学之所以能成功推行案例教学模式,就是因为哈佛大学经过几十年的磨练,培养了一批熟练掌握案例教学的教师。案例教学不是自然产生的,对从事案例教学的教师必须进行专门的培训,使他们熟悉并习惯于这种教学法。一个教师从不熟悉到熟悉案例教学,至少要花2—3年。教师的作用虽然不同于直接授课,但要介绍分析框架或理论工具,引导学员的分析过程,对学员的不同观点及时进行分类梳理,对有些重要的理念给予提示。这些都要求教师熟透案例,有广博的知识、较强的逻辑分析、要点概括和驾驭课堂的能力。所以说,案例教学的工夫在课堂之外,无论是教师还是学生。真是台上一分钟,台下十年功。

案例教学的效果取决于教师的水平,不同的教师,案例教学的效果也不同。我们在哈佛学习时,充分感受了一个高超的案例教师的授课魅力。一个好的案例教学的教师,首先是一个激情飞扬的演员,他把课堂变为舞台,投注了全部的热情来讲课,这种热情也感染了每一个学生。案例教学的教师还是控制课堂的导演。每一节课就如同一场电影,要在单位时间内完成教学的任务,还要让尽量多的同学发言,就要严格控制课堂,热烈而不混乱,有序而不死板,对同学的提示如春风化雨,最后的总结如水到渠成。案例教学的教师还应是教学相长对象,老师要有谦虚的态度和博大的胸怀,认真听取同学的发言,积极鼓励不同的观点,耐心梳理大家的意见,勇于接纳批评和反驳,创造一个师生之间平等学习的良好的氛围。

什么样的案例教学的教师最受欢迎? 我们的学习实践证明,好的案例教师通常是先给一个有意义的分析构架,然后不把讲课的重点放在案例细节的问答上,而是着力分析事实背后的问题及其含义,最后给出若干带有普遍意义的论点。这样的教师一般都有广博的知识和极强的驾御课堂的能力,这样的教师才是一个优秀的案例教学的教师。

对案例教学进行评估

对案例教学进行全面的评估,是哈佛案例教学组织的重要环节。哈佛大学对案例教学的评估分为几个层次,首先是对教学内容的评估,你认为教学的内容是否对你的工作有帮助,还有那些要改进的方面,你有什么好的专题和意见。其次是对教师的评估,你认为教师的讲授是否清晰,是否很好的组织同学发言,课堂讨论的时间长还是短,与翻译配合是否好。第三是对案例材料的评估,你认为该案例的选择是否恰当,每天的阅读量多还是少,案例的翻译是否准确等。我们在哈佛学习时,这样的评估每周一次,校方非常重视,要求学生认真填写,根据大家的反映,及时调整教学的内容,同时将大家的意见反馈给教师。

(作者 史美兰 原载于《国家行政学院学报》2005 年第 2 期)

4.怎样编写一个真正的哈佛案例

案例编写与开发是开展案例教学的前提。哈佛大学的案例闻名遐迩。在国内,几乎所有的 MBA 学子都必在课程中阅读哈佛案例,凡市面流行的管理类书籍都必有对哈佛案例的长篇论述。我也很早就在书本上研读过哈佛大学的案例。但如何编写一个真正的哈佛案例,只有当我真正走进哈佛大学肯尼迪政府学院,经过一段时间案例教学的培训和案例编写的学习研究之后,才有了一点真切的体会,我想告诉你,如何编写一个真正的哈佛案例。

教学案例必备的五大因素

哈佛大学的案例有不同的类型,其中有教学案例和研究案例之分。教学案例一般是为教学目的由专人收集资料编写而成的,它的特点是简化和有选择性。一个案例一般围绕一个教学目的展开,集中说明一个问题。我们在哈佛 KSG 培训中学习了 53 个教学案例,如泰国控制外国零售商的案例,讲述在全球化背景下出现在泰国的一个现象,外国的大型超市像家乐福、沃尔玛进入到发展中国家。这种全球化的形势使竞争加剧,在竞争中出现泰国零售业大量企业倒闭的现象。该案例想要告诉学生的是,全球化的形势对政府的权利产生了什么影响,政府的治理方式发生了哪些变化。政府的治理如何从一个发号施令的过程变为一个参与过程,变为一个在个利益相关者间的协调过程。

研究型的案例比教学案例更丰富、更贴近现实,把现实问题摆出来,有一定的深度,比教学案例更难写,更容易引起争论。如果说教学案例有一个核心问题,有一个难题,那么研究型案例就有几个难题,头绪更多,更难把握。研究型案例一般不在教学中使用。

哈佛教授认为,一个好的教学案例必备五大因素。

1. 提出一个教学上的问题。哈佛的教学案例,都是为完成一个教学目的而设置的,哈佛的教授考虑一个案例在教学上的价值时,首先考虑它说明了一个什么理论,因为"每一个案例都需要理论。"不能通过案例故事来说明一个理论,尽管其中包含了有趣的故事,包含了很多有趣的问题,但它不能成为一个好的教学案例。因此,我们在选择案例时首先要考虑的是,"这个案例它在教学上提出了什么问题? 这些问题可不可以通过别的案例提出?"思考这个问题可以让我们避免经常出现的一个错误:花很多时间写出一篇上乘的案例,有生动的故事情节,但在教学中却永远用不上。

2. 引发冲突。教学案例是放在课堂上讨论的,一个好的教学案例必须有相互对立的观点,足以引发学生的冲突和争议,才合格。有时我们不得不放弃已经开始准备的案例,其中一个重大原因就是缺乏冲突。争议性是对一个案例开展讨论的基石,如果没有争议,案例教学就没有办法开展。争议可以让学生思考并辩论。在案例讨论中,学生可以了解一般的理论,可以知晓别人的观点,案例的讨论没有绝对正确的答案,而只有基本的问题。具有争议性的问题是一个教学案例必要条件。

3. 强制性的决定。案例的争议通常出现在需要作决定的时刻。一个好的案例通常强迫学生做出自己的决定。强制性的决定会使学生从参与者的角度来思考问题,也会使他们更有紧迫感。在哈佛的教学案例中,这种强制性的决定分为采取行动走向性和回顾性两种。采取行动走向性的强制性决定,让读者从政府官员的角度来思考如何采取行动解决一个具体的问题。学生会面对这样的问题:"如果你在某某人的位置,你将如何办理此事? 为什么?"相比之下,回顾性案例把整个故事全盘告诉你,然后,最关键的问题是,"你如何评价某某人的作为,为什么?"

4. 案例的综合性。一个好的案例还要有综合性,能涵盖更大的管理和分析上的普遍性的问题。换言之,如果一个案例只是故事很特别,它可能在教学上并不是十分有意义。但这并不是说特别的事件不构成好的案例。古巴导弹危机是一件非常特别的事件,但它同时也是个非常好的案例。

5.教学案例要简洁。教学案例要围绕一个难题展开,不要头绪太多。为了让学生了解一个案例的重要性,课堂讨论必须有一定的综合和抽象的高度,要谈到管理和分析的原则性问题。太多的事实会让学生专注在案例细节上,所以,教学案例一定要简洁。但简洁并不是一定要很短的案例,长的案例也可以让学生在案例分析时能区分什么是有关的,什么是无关的,学会找出重要的东西。

哈佛案例编写的几个阶段

哈佛的案例编写,分为几个阶段。

首先,明确案例编写的目的。要根据学员对象确定案例编写的目的,该案例将放在什么班次、什么课堂上讨论,学员对象的需求是什么,通过它提出什么主题和问题?完成什么教学任务?

其次,开展案例研究工作。案例只是教学的一个工具,案例研究要围绕教学目的展开。在选好课题后,案例的研究有两个阶段。一是图书馆研究。图书馆研究是快而经济的方法,用图书馆的资料来熟悉案例的背景情况。二是采访阶段,为了了解你所要写的案例的细节,必须进行采访,这是案例研究的最困难的阶段也是必需的阶段。一个案例的真实性和可靠性,就来自实际的调研。

第三,开始案例撰写。哈佛教学案例撰写已形成了一个基本的程式:(1)案例撰写的核心——提出一个超出常规的难题,如何解决这个难题,就成为关注的焦点;(2)案例的开头——有吸引力的人物和事件,要用吸引力的人物和事件作案例的开头,就像一把钩子,牢牢地钩住观众,不得不往下看;(3)背景材料——为让一般读者了解事件的来龙去脉,要介绍案例发生的背景,交代事件的起因;(4)展开故事——按时间、空间或不同的机构顺序展开,这是案例的主要部分。展开故事的情节时,可以按时间、空间或不同的机构顺序展开,关键是让读者了解事件的全貌。(5)结尾——要留下一个思考和讨论的空间。案例的结尾很重要,一定要留下一个思考和讨论的空间,不要把故事的结尾告诉大家,如果需要,可以准备一份案例的结尾,在课后发给大家。

第四,发展出教学计划。一个案例编写完成后,必须发展出一个相应的教学计划,为实施案例教学服务。内容应包括:如何提第一个问题;提问的顺序是什么;预期中学生讨论方向;如何应对预期外的方向;如何使用黑板和其他工具;如何进行总结,想学生提供什么分析工具等。如果案例有真实的结果,可以准备一份附录,课后发给大家。

教学案例编写的几大误区

一个教学案例的编写过程中,一定要避免走入误区。

1. 案例编写不是文件汇编。案例编写是为了课堂讨论的,它可以使学生通过实际参与者的角度,体会到将来在工作中可能遇到的问题。因此案例要围绕一件事展开故事情节。好的案例能将事实、人物和人物的情感都加以详细描述,是对政府官员常常遇到的问题和责任的生动再现,既不是有权威性的历史文献,也不是为了传播系统的信息,更不应是一大堆文件的汇编。

2. 案例编写不要分析。这是学者常犯的一个错误,在案例的编写中经常加入作者的分析,或者边叙述边分析,或者在最后进行分析。要记住,分析是学生的任务,不是案例编写者的工作。写案例的作者只需要提供原始材料,不需要提供分析观点。

3. 案例编写不要改编。一个案例的可信度来自撰写人的中立。我们用来自采访的原始材料论述和表述种种观点时,一定不要改编。一定要只写事实。但敏感的问题可以隐瞒,如具体的人名、地名。

4. 不要加入作者的观点。案例撰写者的中立是讨论的基础,在案例编写时不要把作者的好恶加入其中。对事件和人物的描述要采取中性的语言,不要褒贬。正反两方面的观点都要有,而且分量要相当。

5. 提供的信息不能太多。作者不能提供所拥有的全部信息,这样学生就会完全依赖案例提供的资料。要给学员留有思考和讨论的空间。

哈佛的案例编写队伍

哈佛大学非常重视案例的编写和规范化管理。哈佛的案例编写有一支专业化的队伍。在哈佛商学院有一支 80 多人的专业案例写作队伍,一般由刚毕业的硕士、博士、MBA 组成,在教授的指导下,以"Researcher Associate"的头衔从事一般两年左右的案例写作工作。在肯尼迪学院,设有公共政策案例中心,霍华德.休索克教授从 1987 年起担任案例中心的主任,同时还有专门的案例编写小组,有 6 名案例编写员。除少数任课教师自编案例外,肯尼迪学院绝大部分的案例是由这个小组的专业人员编写的。教授本人亲自编写了 600 多个世界各地公共政策的案例。同时还负责肯尼迪学院案例的编写组织和销售。

哈佛大学在教学中使用的案例全部经过认真的编写,决不是直接来自新闻媒体和当事人提供的材料。每个案例的下面都标明有某某教授指导,某某人撰写,为某个项目所用。哈佛大学是一所国际化的学校,世界各国的学子带着他各自的经验来到哈佛,他们很愿意把自己的经验或教训与同学,特别是老师分享。因此,哈佛的许多案例确实是由学生提供的素材,但都经过哈佛教师的认真编写,使其符合哈佛案例教学的方式。当然还有一些案例是任课教师亲自编写的。

哈佛的案例有长有短,有的案例只有一页,有的案例有上百页。有些案例年代久远,但大部分案例是发生在最近的事例。

案例编写是需要经费的,哈佛案例编写的经费一部分来自企业和赞助方,一部分由学院提供。哈佛大学每个案例的制作费用约在几万美金。哈佛的教授认为,没有必要的经费支持,不可能写出优秀的案例。同时,哈佛大学也非常注重案例版权的保护,每个案例下面都注明版权所有和使用的办法。

哈佛案例库

案例库成为哈佛实施案例教学的坚实基础。哈佛案例库是目前世界上按照规模排名的案例库中的前三名,其余是加拿大毅伟商学院案例库和欧洲案例交流中心。到 2002 年底,哈佛案例库中有 9000 个案例,每年更新 500～600 个。其中肯尼迪学院的案例库中有 1800 个案例,每年还要增加 20 个左右的新案例。

哈佛 2001 年的案例销量为 648 万份，400 多万份销在美国，200 多万份销在国外，学校购买的批发价为一份 3 美元，公司为 5 美元，可以推算，哈佛一年案例的销售收入在 2000 万美元以上。

哈佛大学非常注重开发国际性的案例，特别是发展中国家的案例。在我们学习的案例中有一个关于北京平安大道改造的案例，就来自中国，国家行政学院的教师也参加了该案例的调研工作。哈佛案例库中目前有 79 个关于中国的案例，在除了美国本土的案例以外的案例中，中国的案例数量排名第三。哈佛案例库中关于美国以外国家的案例数量排名依次是：日本 157 个，英国 106 个，中国 79 个，加拿大 61 个，德国 53 个。

（作者　史美兰　原载于中央党校《学习时报》2006 年 8 月）

5. 中欧政府管理案例编写体例与要求

为使中欧政府管理案例的编写具有一定的规范性,根据本项目专家对欧美案例编写研究的结果和行政学院系统教学与培训工作的实际需求,我们对收入中欧政府管理案例集的案例在编写体例上,作如下要求:

一、案例的封面

1. 案例名称:
2. 编写人:姓名 职称 工作单位
3. 研究题目:本案例所研究的学术领域与具体题目,例如:全球化时代的竞争、政府治理、危机管理等,案例的内容要紧扣研究的题目;
4. 研究的问题:包括本案例提出思考和准备讨论的问题。

二、案例的正文(结构)

1. 前言:提出问题,本案例面临的主要问题或难题是什么? 该难题与所研究的题目之间的关系,案例写作的缘由是什么?
2. 案例的背景介绍:案例所涉及事件和故事的背景介绍;
3. 展开案例故事:按时间、空间展开故事,要有细节、有情节,分别梳理不同的观点,但不要有分析,最好有重要的采访;
4. 结尾:案例的结尾要留有思考的空间,提出要思考和讨论的问题,可以与封面研究的问题一致。

三、案例的附录

1.与案例有关的国家法律法规(可以是目录,也可以摘录部分内容);

2.相关部门和地方政府的政策;

3.新闻媒体和网上有关报道(可以将正文中过多的新闻信息放在附录中);

4..统计数据、图表。

四、案例的教学计划

1.教学方式:情景模拟、角色扮演、分组讨论、课堂讨论;

2.教学目的:通过该案例要阐述的一个观点或理论是什么,想要告诉学生一个什么问题;

3.教学过程:如何展开讨论、如何提问、提问的顺序和内容,对学员的讨论进行总结,提供分析框架和理论工具;

4.教学的工具:如何使用电脑、黑板和其他工具;

5.案例的真实结果,可以准备一份附录,课后发给大家。

6. 案例教学应成为
公务员能力培训重要途径
——哈佛和 ENA 案例教学有感

　　保持一支高素质、高水平的公务员队伍,是提高政府治理水平、搞好公共管理的前提和保证。中国正处于一个社会大变革和经济大发展的时期,创建学习型社会和提高执政能力建设的目标,对各级干部的行政能力提出挑战;同时,中国改革开放和经济全球化的形势使各级领导面临许多新情况和新问题,他们也迫切需要更新和充实社会主义市场经济的知识,学习和提高驾御社会主义市场经济的能力。因此,能力开发成为公务员培训的主要需求和重要方向。这一广大的社会需求给公务员的大培训带来了前所未有的机遇,也对我国现行的主要培训方式提出了严峻的挑战。要完成对我国公务员进行大培训的任务,要实现大幅度提高公务员能力的目标,必须以改革和创新的态度,改进我们的培训形式和培训方法,把案例教学作为公务员能力培训的重要途径。

一、案例教学是国外公务员培训的主要形式

　　案例教学已在国外公务员培训中被广泛应用,成为世界各国对公务员能力开发培训的主要方式。法国有专门培训高级公务员的学府国立行政学院(简称 ENA),美国哈佛大学有世界知名的肯尼迪政府学院(简称 KSG)。据笔者在这两所学院考察和学习的经历,案例教学不仅是这两所大学对未来公务员能力培训的重要方式,也是它们鲜明的教学特色和享誉全球的突

出品牌。

(一)案例教学服务于能力培训的理念

哈佛的案例教学服从与对领导人能力培训的理念。

哈佛大学肯尼迪学院致力于培养 21 世纪的领导人。他们给自己确定的使命是:"通过训练服务社会的领导人和提供解决重要公共议题的解决方案,来提升公共利益"。既然是培养未来政府和企业的领导人,肯尼迪学院(KSG)认为,对于学生来说,他们的学习能力、创新能力和在不可预见的情况发生时的灵活处理的能力至关重要。这种能力不可能通过传统的"粉笔+讲课"的教学方法获得,而案例教学是培育学生团队精神和磨练他们战略决策能力的最好方法。

法国国立行政学院同样十分注重培养学生的实践技能,在 ENA 不传授单纯的学术性知识,重点在开发和提高公务员的管理技能与行政能力。ENA 的案例教学是一种专业化培训,通过为学员量身订做的案例教学,把学员所学的理论、知识转化成实践的技能,转换成工作的能力。

(二)案例教学是开发潜能的最好方法

哈佛的教授认为,案例教学是开发学生能力的最好方法,通过案例教学可以达到以下三个目标:1. 训练一种系统思考问题的方法和采取行动的勇气与决心。案例教学的目的不是告诉大家问题的答案,而是告诉大家解决问题的各种可能性和方法,案例教学没有正确的答案,只有不同的解决问题的方案,通过案例教学,主要是训练一种系统思考问题的方法和采取行动的勇气与决心。也许你来学习时只有一个问题,学习后会变成 10 个问题。但同时,你解决问题的方法会增多,思路会开阔,处理问题的自信会增强,决策和管理的能力也会提高。

2. 同学之间相互学习。在案例教学中,教师已不是传统意义上的知识的传授者,而更多的是课堂讨论的组织者,教师通过启发、引导和总结,汇总大家的智慧,总结集体的经验。因此,哈佛的教授说,案例教学,30% 的收获来自教师,70% 的收获来自同学。实际上是同学之间在相互学习、相互交流自己的人生经验。

3. 极度开发学生的潜能。案例教学与传统教学相比,可以最大限度地调动学生学习的积极性和创造性。首先是课前的认真准备。学生必须利用课余时间认真阅读案例,包括记住案例中的关键数字,回答案例后面的提问,准备好你自己的建议方案等。一般需要 4—6 小时。我们在哈佛的日子几乎每天读案例到深夜。其次是课堂上的积极表现。案例教学 50% 的成绩来自课堂参与,参与度不是靠教授的印象而是有录像为证。如果你不抢着发言,也许就始终没有发言的机会,自然就没有成绩。此外哈佛还有一种"冷点名"(COLD CALL),教授会专点不爱发言的同学。哈佛每年有 15% 的学生不合格,同学之间竞争非常激烈,课堂成为学生表现自我的战场。在课堂上,你必须充满自信地发言,你必须提出独到的见解,你甚至要反驳老师的观点,才会得到好的成绩。经过这样一番案例教学的锻炼,最大限度地开发了学生的能力,同时培养了学生的自信。第三,课后,教授会开出一系列书单,从中你会找到分析此案例的理论支持和必要知识。哈佛的学生认为,通过高强度的案例教学,他们学会了"在极限压力下生存。在这种环境下,你必须调动一切潜能"。

与哈佛一样,ENA 的学生也是在巨大的压力与挑战下学习。ENA 的案例教学是一种功能强大的教学方式,它要求学员必须发挥主动性和积极性,调动所有的知识、能力,解决一个真实的案例。如在巴黎兴建第三个机场的报告,就是一个真实的案例。2002 年,法国政府已决定重新审查在巴黎盆地兴建第三个机场的一揽子计划。对是否应修建第三个机场,有无可替代的方案及如果修建在那里选址等问题,教师要求 ENA 的学员为即将参加总理会议的部长提交一份报告,内容包括背景资料、文件附录和解决方案。ENA 的学员对此问题进行了讨论后,每人要提交了一份 50～70 页的案例报告。最优秀学员的报告结论是:推迟第三个机场的建设,优化目前现有的基础设施等。这一结论与法国政府最后的决定不谋而合。

对学员来说,完成这样一个案例,工作量和难度是相当大的。ENA 的学员在学校期间要学 7 门课程，每门课平均作 15 个案例，两年下来，大小案例要作 100 多个，这就是 ENA 的学生为什么要"像疯子"一样学习的原因。但正是这样的学习方式，造就了 ENA 学生的高素质和很强的工作能力，为他们今后的职业生涯奠定了一个良好的基础。我们在与法国国立行政学院多年的合作交往中，接触了大量毕业于 ENA 的高级公务员，他们虽然把在 ENA 的学习称作可怕的经历，但他们都承认，正是 ENA 的培训，特别是案例教学的方式，开发了他们的能力，教会了他们如何应付未来的工作。

二、在我国开展案例教学恰逢其时

实践证明，案例教学是对公务员行政能力开发的一种较好的培训方法。从我国高级公务员队伍的现状看，既有接受案例教学培训提高行政能力的迫切需求，又有接受案例教学的经验积累和知识能力，引入案例教学可以充分调动教师和学员两个方面的积极性，在我国开展案例教学可以说是恰逢其时。

从教师方面来说，随着老一辈教师逐渐淡出教学工作的第一线，越来越多的年轻教师走上主课堂，实践经验缺乏是他们共同的弱点，在理论联系实际时往往底气不足、方法不多，既不能让学员满意，也严重挫伤了他们的自信。从学员的角度来说，现在的学员往往有较高的学历，他们已经在学校完成了知识的学习过程，而且多年的实践经历使他们具有了丰富的人生阅历、扎实的实践经验和开阔的思维空间，他们是带着问题、带着思考来参加培训的。他们渴求掌握解决现实问题的有用的方法，他们希望提高解决具体问题的能力。过去那种以纯学理内容为主的单向式灌输方法已不能满足他们的实际需要的。而通过案例教学，可以最大限度地让学员也参加到教学活动中来，最好地发挥双方的优势，即教师在理论和信息储备上的优势，学员在实际经验和开阔视角上的优势，彼此启发，优势互补。

目前，我国各级行政学院对推广案例教学既有紧迫感也有积极性，有许多行政学院已经非常成功地开展了案例教学的实践，得到了学员的好评，同时也增强了他们搞好案例教学的信心。因此,在全国行政学院等主要培训机构分阶段、分班次的推广案例教学方法,应该是恰逢其时。

三、开展案例教学的几点建议

(一)逐步建立案例教学体系

哈佛大学经过几十年的实践,已经建立起一套完整的案例教学体系,从案例的编写到案例教学的评估,形成了良性循环机制。我国行政学院系统从目前的理论课教学体系,到哈佛式案例教学体系,要有一个过度的过程,要分班次、分学科的逐步推广案例教学。首先可以在中青年干部培训班使用教学案例方法,在基本理论课之外,安排一定比例的案例教学,激发学员学习的主动性和积极性。在省部级高级公务员培训班,可以开展专题研讨型的案例教学,对重大现实问题的案例进行对策性研究,提供带有创建性的咨询建议。在法学和公共管理等学科,可以从个别的案例教学向全部采用案例教学的课程体系过度。同时,要积极完善案例教学的评估和管理体系。

(二)对教师进行案例教学方法的培训

案例教学不是自然产生的,对从事案例教学的教师要进行专门的培训,使他们逐渐熟悉并习惯于这种教学法。一个教师从不熟悉到熟悉案例教学,至少要花 2—3 年。在哈佛和 ENA 都有一批高水平、富有经验的从事案例教学的教授。没有高水平的教师,案例再经典,也不可能开出高水平的案例教学课。案例教学与一般基础理论课相比,对教师有更高的要求。案例教学的教师虽然不是直接授课,但要介绍分析框架或理论工具,引导学员的分析过程,对学员的不同观点及时进行分类梳理,对有些重要的理念给予提示。这些都要求教师不仅有广博的知识、较强的逻辑分析能力,还要有驾驭课堂的能力。

案例教学的效果取决于教师的水平。我们在哈佛学习时,充分感受了一个高超的案例教师的授课魅力。一个好的案例教学的教师，首先是一个激情飞扬的演员，他把课堂变为舞台，投注了全部的热情来讲课，这种热情也感染了每一个学生。案例教学的教师还是控制课堂的导演。每一节课就如同一场电影，要在单位时间内完成教学的任务，还要让尽量多的同学发言，就要严格控制课堂，热烈而不混乱，有序而不死板，对同学的提示如春风化雨，最后的总结如水到渠成。案例教学的教师还应是教学相长对象，老师要有谦虚的态度和博大的胸怀，认真听取同学的发言，积极鼓励不同的观点，耐心梳理大家的意见，勇于接纳批评和反驳，创造一个师生之间平等学习的良好的氛围。

目前，行政学院的教师大多数不具备进行案例教学的能力。要在行政学院系统推广案例教学方法，必须对教师进行培训。没有一批能驾驭案例教学的骨干教师，不可能进行案例教学的改革。对教师的培训可以采取请进来和走出去的方法，请哈佛大学等世界一流的专家对我国教师进行培训，也可以选送中青年教师到国外学习，加强交流。

（三）建立中国公共管理案例库

重视对案例的编写和积累，是哈佛大学开展案例教学的基础。哈佛大学肯尼迪政府学院的案例库中有 1800 个案例，每年还要新增 20 个左右。我们在哈佛期间学习了大量有关发展中国家政府管理的案例，但中国的案例却很少。在中国的改革开放过程中，出现了大量的新情况和新问题，为案例编写和研究提供了丰富的素材，应尽快着手建立中国公共管理案例库，为案例教学的开展奠定必要的基础，为与哈佛大学等国外培训机构的交流提供必要的条件。

（四）组织和调动学员参与案例教学

行政学院系统培训的学员大都来自实践，他们在实际工作中遇到了大量的难题，这些难题本身就是最生动和最鲜活的案例。2004 年我随中国公共管理高级培训班在哈佛大学 KSG 学习期间，曾进行了两次中国问题的案例讨论,由中国同学提供的案例,情节生动,对策精彩,得到哈佛教授的高度评价。同时,这些学员有丰富的实践经验,有作好本职工作的强烈的使命感和责任感,他们本身就是案例教学的最好的老师。行政学院系统在开展案例教学的初期,可以大胆鼓励学员将工作中的案例带到学校,带上课堂,请学员走上讲台,担当案例教学的教师,积极参与到案例教学的实践中,使教与学真正紧密融合在一起,教学相长,共同提高。

（作者　史美兰　原载于《中国行政管理》2006 年第 7 期）

7.欧盟国家公务员培训的发展与变革

随着欧盟一体化进程的不断推进,欧盟各国公务员培训体制和方法也在不断发生变革。积极关注和了解欧盟国家公务员培训的新的变化,学习和借鉴欧盟国家公务员培训中新的经验和做法,对推进我国公务员培训方法的改革,提高培训水平有十分重要的意义。

一、公务员培训领域的新变化

(一)欧盟事务成为公务员培训的重要内容

随着欧盟一体化进程的不断推进,对各成员国的政治、经济、外交等领域都产生了深刻的影响,欧洲问题已完全进入各国政府高层次行政管理的范畴,这对各国政府的公务员提出了更高的素质要求。各国培训机构针对这种需求,开设了大量与欧盟事务有关的培训课程。欧洲行政学院还专门为轮值国公务员开设处理欧盟事务必备的核心课程。我们注意到,各培训机构都普遍开设了谈判技巧课程,谈判技巧成为各国高级公务员的必备素质。因为25个经济发展水平不一、利益各异的主权国家,在研究制定欧盟政策时,必然涉及各自的切身利益,成员国间可以争吵不休,互不相让,但在需要做出妥协、表现一致时,又必须能够捐弃"前嫌"、携手共进。可以说,欧盟一体化进程迈出的每一步,都是经过反复谈判后达成的。各培训机构通过3-4天的教学和角色演练,提高学员跨文化沟通、谈判的技巧,这类课程受到了学员的普遍欢迎。

(二) 紧密结合本国政府的实际需求开展培训

各培训机构都把本国政府公务员的现实需求作为培训的重点,有针对性地开发设计培训课程。以荷兰公共行政学院为例,他们为确定新的培训战略,在 2004 年底,对国家公务员的培训需求进行了专项调研,力图搞清楚中央政府和地方政府各个层次的公务员胜任本职工作应具备的能力,同时,还借鉴、参考了欧盟其它国家公务员培训的经验,在比较分析的基础上制定了相应的培训战略。他们的主要做法包括:首先,针对客户需求,组织专家进行调查研究,分析公务员培训市场需求,培训项目所需的经费开支,并进行可行性论证,形成项目报告。第二,印制培训项目手册,通过网络和各种媒体宣传推广培训项目,公开化的培训项目手册使公务员参加培训有了广泛的选择余地。第三,与委托培训的部门签订合同。同时,在网上招聘培训公务员所需的专家和顾问,并建立专家数据库。第四,按照 ISO9001 质量认证体系对培训项目进行公开的考核评估。这样的运作过程可以有效地提高培训项目的针对性和实效性,符合培训市场的实际需求。

(三) 网络远程教学成为新的培训热点

在考察过程中,e - learning 是一个经常被提到的词汇。在欧洲,互联网普及率已经达到了 45%,各培训机构十分重视利用互联网开展公务员培训。例如,荷兰行政学院根据政府某部委的需求,开发了网上案例教学课件,案例涉及一个事件发展的 10 个环节,经过短暂的集中授课,要求学员随着事件的发展,在每个环节做出相应的分析和解决方案,通过网络提交作业,教师在网上进行辅导和答疑,经过 3 ~ 6 个月的网上学习,提高学员的行政能力。这种把网上学习、教室学习和案例教学紧密结合的形式,扩展了培训的空间,为广大公务员提供了参加培训的新途径。

二、法国国立行政学院的教学改革

(一)对学制和课程进行重大调整

去年是法国国立行政学院建院 60 周年，经过长达半个多世纪的探索，他们积累了独特的公务员培训经验，成为法国高级公务员的摇篮。今年，他们在学制安排上开始进行重大调整。学院以前的学制是 27 个月，分为第一年的实习期和第二年的学习期。这样的学制是根据公职部 1982 年 9 月 27 日第 82 - 819 号部令，以及由公职部批准的学院内部管理条例进行组织的。这种学制安排的特点是突出实习的重要作用，但也存在实习活动与教学内容相对脱节的问题，学员在第一年的实习过程中遇到的实际问题不能及时得到教师的指导和理论深化。经过借鉴世界各国行政学院的经验，他们下决心对这种延续了近 20 年的学制安排进行重大调整。

学制改革总的原则是：教学与实习交替进行，使实习活动与教学内容相互补充。具体安排是：学员在两年的学习过程中，每个学年安排一次 4 ~ 5 个月的实习，一次到中央政府，一次到相关企业。每次实习之前，要进行 3 个星期的实习预备教学，邀请实习相关部门的主管官员或企业负责人介绍现实情况，还开设一些相关讲座，使学员把握一些必要的背景知识和实用工具。在实习过程中，为每个学员指定一位导师，导师通常是省长、大使或企业高级经理，学员以导师助手的身份参加实习，并可以取代导师工作班子中的任何一个职务，这就使学员能够真实地介入政府或企业的实际管理过程。

对于教学课程，他们也在进行调整，把主干课程分为 4 个单元。第一单元是有关欧盟事务的课程。该课程是向学生提供欧盟的各个组织和机构的各方面业务知识，包括欧盟基本政策的制定和实施、决策机制、欧盟机构与各成员国的关系，还包括各成员国政府间合作、部际协商程序及与法国行政部门的联络等，目的是使每个高级官员能够随时妥善处理与欧盟及其它成员国的关系。

第二单元是地方行政管理课程。这组课程旨在让学生深入了解和学习法国地方行政管理的方法和操作程序。课程同时包含国家行政管理和地方议会政府行政管理的内容,因为国家的权力下放政策已使国家和地方的议会及政府根据各自的职责行使行政管理的权力,地方政府也已承担了公共服务管理和实施国家政策的重要角色。

第三单元是公共管理课程。公共管理作为必修课程主要是提高学生的职业技术能力和业务素质。这组课程的目的在于,使学生熟悉管理的基本概念,向学生提供管理评估的分析方法,主要内容包括:成本分析和财务分析、金融决策、组织管理战略和结构,人力资源管理,传播交流等。

第四单元是学员毕业前的专业化升华,通过一系列综合案例作业,考察学员的综合素质和行政能力。他们还将继续保留学员毕业排名制度,学员根据自己在排名中的顺序,选择未来工作的部门和岗位。

(二)案例的开发与教学

法国国立行政学院把案例教学作为公务员培训的重要教学方式,注重案例的开发与研究,案例教学的方法也颇具特色。在访谈中他们比较详细地介绍了 3 个典型案例。这 3 个案例都来自法国政府有关部门遇到的真实的事件,比较翔实地反映了法国国立行政学院案例教学的特点。

第一个案例是法国某省发生的公务员集体罢工事件。事件的概要情况是,在法国,省一级政府发生劳资冲突的事件并不多见,但在 1998 年时,布列塔尼省一位新上任的省长在处理一个具体问题时与公务员工会发生分歧,引发了为期 2 天的公务员集体罢工事件,此事引起了媒体的关注和报道。开课的前一周,有一系列相关背景材料发给学员。在教学中假设,学员是内政部人事司司长,要求每位学员经过 6 个小时的个人准备和当堂讨论,起草一份处理该事件的解决方案,向部长报告。

第二个案例是模拟一组有 25 个欧盟成员国参加的关于欧盟共同农业政策的谈判。教学中,将学员分成 25 个小组,每个小组代表一个欧盟成员国,课堂讨论的前 10 天,每个小组都会拿到一份简单资料,介绍该小组所代表国家农业的相关情况，该国代表在谈判中要达成的目标，以及谈判中要与哪些国家开展合作并达成协议。案例教学过程实际上是一系列的模拟谈判，教师作为谈判的主持人掌握整体进展情况。

第三个案例是一个有关国际问题的事件。2005 年 3 月 20 日，法国外交部长到英国访问期间，某国际组织向他递交了一个有关阿富汗反毒品的计划，要求法国政府表明态度。假设学员是外交部亚太司的一个参赞，要求学员为部长起草一份呈文，表明法国政府在此问题上的立场。学员会拿到一份 15 页的资料。这个案例练习的难处在于，此事件不是对外交常见主题表明法国政府立场，它涉及到法国需要单独表明什么态度，与欧盟其他国家如何协调，还涉及到法国在阿富汗重建中的切身利益。

从这 3 个案例我们可以看出，法国国立行政学院的案例都是从政府部门直接获取的真实案例，学员在 2 年的学习过程中要作 100 个左右这样的案例，通过大量真实的案例训练，培养学生在复杂的事件中，准确识别信息，对突发事件快速做出决策的能力。

三、公务员培训的发展趋势及其借鉴意义

通过此次考察，我们对奥地利、荷兰、法国公务员培训的发展趋势进行了分析，他们在教学中的许多做法和经验都值得我们借鉴，主要有以下几个方面。

（一）培训运作市场化，注重打造自身核心竞争力

每个国家的培训机构之间，甚至各国的培训机构之间都形成了一种竞争态势，这种局面导致每个培训机构要想在竞争中保持自己的优势，必须不断提高培训质量，使培训项目满足公务员的实际需求。因此，他们的培训项目都是基于市场的需求开发出来的，把课程作为产品推向市场，项目运作的全过程都体现出市场化的特点。从培训需求调研、项目设计、师资选聘、课程开发、课程实施、一直到项目评估，形成了一整套市场化运作模式。近些年，我国的干部教育培训也逐渐形成了各种培训机构之间的竞争，随着市场经济的不断发展，这种趋势会日益明显，因此，我们无论在培训的微观运作

还是宏观政策上都应该增强市场竞争意识,不断提高自己的竞争力。

(二)培训管理规范化,建立培训质量管理指标体系

在培训管理方面,为了保证培训工作的质量和效率,各培训机构都形成了一套比较严密的管理制度和措施。如维也纳联合学院对教师、管理者和学员分别有标准的管理文件和实用手册,荷兰行政学院有 ISO9001 质量管理认证体系,这些管理制度和办法都非常实用,既是对各项工作的规范,又是日常使用的重要工具。我们在培训管理工作中也形成了一些管理制度,但还不够完善和系统,执行过程中又缺乏严格的质量考评控制,因此,有必要借鉴他们的做法,在制定和实施行之有效的管理制度上下工夫。

(三)案例教学体系化,根据课程体系构建案例库

案例教学只是一种有效的手段,如何根据教学计划和课程体系,开发与其相配套的系列案例,需要进行深入的研究和整体策划。考察过程中我们看到,凡是有规模、有实力的培训机构,都有一个比较完整的课程体系和与之配套的案例库,这是一个长期积累的过程,也需要可观的人力、物力和财力的投入。鉴于我国的案例教学和案例库建设还处于起步阶段,在案例开发过程中,也要整体规划,将案例库建设作为教学、科研的一项重要工作,与学科建设、课程体系建设一起统筹考虑,加大投入,力争在相对不太长的时间内,构建适合中国公务员培训的案例库。

(四)培训师资社会化,充分整合社会师资资源

在考察中我们还注意到,各培训机构的专职教师都很少,多数培训机构都没有专职教师,绝大多数培训都是聘请社会上的培训师资来完成。他们之所以能够做到这一点,是因为有一批相对稳定的兼职教师队伍。在欧洲,培训师是一种自由职业者,由职业培训师协会进行资格考试、职业资格认定以及相关的管理,各培训机构根据需要聘请培训师承担具体的培训项目,也少量长期聘用一些培训师。这种体制可以比较充分地整合社会培训师资

源。我国目前还没有形成职业培训师资格认定和管理的体制,如何整合我国的公务员培训教师资源,还需要进一步探索。

(作者　史美兰、刘宏毅　原载于国家行政学院《咨询与研究》2006 年第 5 期)

编后记

　　案例教学已在国外 MPA 教育中被广泛应用,成为对 MPA 研究生进行行政能力培训的主要方式。据本书主编对法国国立行政学院(简称 ENA)和美国哈佛大学肯尼迪政府学院(简称 KSG)的考察和研究,案例教学不仅是这两所大学 MPA 教育的重要方式,也是它们鲜明的教学特色和享誉全球的突出品牌。与案例教学相配套的案例库,已成为他们开展案例教学的坚实基础。MPA 教育在我国实行还为期不久,对于 MPA 的课程设置和教育方式还在积极的探索之中。案例教学在我国的 MPA 教育中还仅仅是一种个案的尝试,与案例教学相配套的教学案例库,还不具备支撑开展案例教学的规模,能够熟练掌握编写案例和从事案例教学的教师凤毛麟角。中央民族大学 MPA 研究生编写的这本案例,是国内 MPA 研究生案例编写的初次尝试,尽管稚嫩,却是一个开始,它必将成为案例教学在我国 MPA 教育中推广的一个有价值和有意义的开始。